日本推理名家名作选萃

默闭之域

[日] 西村京太郎 等著

徐明中 译

文匯出版社

图书在版编目（CIP）数据

默闭之域/（日）西村京太郎等著；徐明中译. —上海：文汇出版社，2017.4

ISBN 978-7-5497-2041-8

Ⅰ.①默… Ⅱ.①西… ②徐… Ⅲ.①推理小说—小说集—日本—当代 Ⅳ.① I313.45

中国版本图书馆 CIP 数据核字（2017）第 053203 号

默闭之域

责任编辑 /	戴　铮
封面装帧 /	黄晨伟
出 版 人 /	桂国强
出版发行 /	文汇出版社
	上海市威海路755号
	（邮政编码200041）
经　　销 /	全国新华书店
照　　排 /	上海歆乐文化传播有限公司
印刷装订 /	启东市人民印刷有限公司
版　　次 /	2017年6月第1版
印　　次 /	2017年6月第1次印刷
开　　本 /	890×1240　1/32
字　　数 /	180千
印　　张 /	7.375
书　　号 /	ISBN 978-7-5496-2041-8
定　　价 /	26.00元

目　录

默闭之域（西村京太郎）
001

校园迷案（东野圭吾）
181

等待下雪的早晨（柴田吉树）
213

默闭之域

(日)西村京太郎

第一章

1

小早川京子通过手语翻译的考试后,辞去了原来公司的工作,去城西福利事务所就职。京子的父母都是聋哑人,平时用手语对话,所以她从小就习惯了手语。那时候,会手语的人很少,一旦使用手语,往往会招致别人异样的目光。进入初中后,她已到了感知异性的年龄,更加深了用手语的羞耻感,甚至讨厌和父母一起外出。即使不得已出门,也要故意大声地对父母说话,表示她是一个有着正常听力的人。现在想想,实在难以忘记当时父母流露的悲伤表情。

京子从女子短期大学毕业后,就去位于东京八重洲的一家公司工作,特意隐瞒了父母是聋哑人的隐秘。进公司后的第三年,通过上司的介绍,和一家客户公司部长的儿子有了交往。对象是个二十九岁的年轻人,有着光明的前途。

那个部长经常来京子的公司洽谈业务,一眼就看中了京子,一心想让她当自己的儿媳妇。于是,在上司的多次撮合下,京子同意与对方的儿子谈恋爱,但她还是不想暴露父母是聋哑人的事,只请叔叔、婶婶陪她前去相亲。

她的对象名叫三浦功,是个高大、帅气的美男子,一见京子就深深地迷恋上了她。于是,见面后的三个月是甜蜜的恋爱季节。京子乘着三浦驾驶的白色宾利车到处兜风取乐,一起共享美味的法国大餐。情热之中,京子献出了初吻。

"婚姻是我们自己的事,和你的家人没有关系。"三浦别有深意地说道。

相亲的时候,同去的叔叔曾说起京子的家是城市"下只角"的一间狭小的小屋。叔叔说的是事实,但没有透露京子的父母都是聋哑人的隐情。

虽然三浦的意思很明白,京子还是忐忑不安,担心一旦知道了家里的情况,不知三浦会有什么反应。

"只是耳朵听不见,又有什么关系呢?"三浦会说出这种话吗?他曾经在上大学的时候参加过志愿者的活动,也许会理解这一点。京子尽量朝着对自己有利的方向思考问题。没想到交往四个月后,美好的愿望终于无情地破灭了。

一天,叔叔到京子的家,说三浦父母来电话要求结束两人的恋爱关系。

"说我们欺骗了他们。是不能原谅的。"叔叔忧郁地说道,"对方的母亲特意请了私家侦探调查我们的情况。现在已经真相大白,他们无意让儿子再和你保持恋爱关系。"

第二天,三浦也给正在公司上班的京子打来电话:"我确实很爱你,即使你的父母有什么前科也能坦然接受,但是我的父母知道你家的情况后突然变卦了。我也很为难,总不能让辛辛苦苦把我养大的父母不开心……"三浦絮絮叨叨地说了半天,最后以一句"请你理解"挂上了电话。

京子听了真是百感交集。她怨三浦,如果真的爱我,和反对这门亲事的父母反目不就完了吗?你这样做,难道要我抛弃可怜的残疾父母？她最后还是理解了三浦,觉得他是个没有勇气的男人,绝不会为了自己和家人断绝关系的。

2

一个月后,京子的父亲被汽车冲撞而死。父亲很少在外喝酒,那天夜晚,他醉醺醺地走在马路上,不幸被疾驶而来的汽车撞倒在地。醉酒又失聪的父亲也许根本没有听到汽车的音响和喇叭声。

不过,京子始终认为父亲是有意自杀的。他虽然好酒,却从没有大醉过,而且深知自己是聋哑人,平时走路非常小心,怎么可能醉醺醺地走在马路上呢?

"一定是为了我的缘故。"京子悲哀地想道。因为女儿亲事的不顺利,必然感到是自己的残疾造成的,所以父亲故意喝醉酒走在马路上寻死,难道不是吗?

母亲在父亲去世三个月后也病故了,父亲的自杀使她失去了生活的勇气。

参加了母亲的葬礼后,京子开始认真地回忆起自己和父母的感情,终于知道了母亲的一个秘密。三岁的时候,母亲给自己拍了照,并写了一篇日记。那张照片经常看见,而那篇日记以前根本不知道,也许母亲不想让京子知道自己对女儿的感情和育儿的辛劳。整理父母遗物的时候,京子无意间发现了那篇日记。

读了那篇日记,京子被父母对自己的挚爱和付出的辛苦深深地打动了。她整整一天呆呆地痴想着,心头像压着一块大石头,充满着无尽的思念和悔恨。

一周以后,京子决心正式开始认真学习手语。由于从小就用手语和父母交谈,所以学习成绩很好,毕业考试也一次性地顺利通过了。

六月一日，她被城西社会福利事务所录用了。那家事务所原来有两个手语翻译，其中一人因病辞去了工作。

第一天上班，那个前辈翻译小林富子就对京子关切地嘱咐道："你要注意身体健康，最好不要生病。"

京子满不在乎地回答："我的身体很好，没问题。"

富子摇摇头，"我说的是职业病。那个奥田就是患了颈肩腕障碍综合征才不得不辞职，你知道这种病症吗？"

"不知道。"京子有些茫然地回答。

富子又道："我现在颈部和手腕也时常酸痛，你得注意了。那个奥田责任心很强，工作起来几乎从不休息，长期下来就落下了病根。"

京子好奇地问道："这种职业病第一次听到，还没有得到正式认可吧？"

富子叹了一口气，"东京这样的病例很少，医学上也没有获得因果关系的证明，现在好像还没有得到认可。"

京子听了有些气馁，振作精神笑道："没关系，我还年轻。"

富子还是有些伤感，"年轻就是好啊，我可不行了。现在年龄上去了，又有了家庭，没日没夜地干工作已经做不到了。你还得好好努力才行。"

"没问题！"京子似乎又恢复了自信。

就在说话的时候，事务所接到了城西警署需要一名手语翻译的紧急任务。

"我马上就去！"京子自告奋勇地说道。

3

第一次接受这项紧急任务，京子的心里充满着兴奋和不安。

她到达城西警署后，门卫刚做了通报，立刻被叫入警署的办公楼，一个小个子的中年刑警接待了她。

那人看了京子一眼，不客气地问道："你行吗？"

京子自信地点点头，"我已经顺利地通过考试，拿到了手语翻译的证书。"

"你好像还没有一点实际工作经验哪。"

"是的，我今天第一天上班。"

"哦，那还是有点靠不住啊。"

"别担心，我会努力干好工作的。"

"那当然，你不认真工作就麻烦了。"那个刑警说话毫不留情，就像训斥一个没有头脑的小丫头。

那个刑警看了看京子交给门卫的那张名片，问了一声，"你就是小早川吗？"

"我是小早川京子。请告诉您的大名，我想这样就能互相称名道姓了。"京子有些不快，口气也很严肃。

刑警露出了一丝苦笑，刚才的严厉不见了。"我叫龟井，叫我龟井警官好了。"

"哦，龟井君！"

"这是同事们对我的称呼。好吧，不说这些，现在就想请你赶快工作。"

"这间房的门口挂着'杀人事件搜查本部'的招牌，难道……"

"是的，你猜得不错，是杀人事件。那个犯罪嫌疑人已经抓到了，但她是聋哑人，我们无法审讯，正在为难呢。"龟井说着就把京子带进了审讯室。

听说是杀人事件的犯罪嫌疑人，京子的脑海中顿时浮现一个凶相毕露的猛男形象。谁知进了审讯室一看，对方竟然是个小个子的老妇人。

京子扫视着审讯室,只见审讯台上散乱地放着记录罪犯口供的记录纸。坐在老妇人对面的是一个年轻的警官。他一边整理记录纸,一边没好气地说,"简直是浪费时间,这个女人还不识字呢。"

龟井转过头来问京子:"这是怎么回事?"

京子一时不明白龟井的意思,"你说什么?"

"那些聋哑人不是都去专门的学校学习吗?"

"你是说聋哑学校?"

"是啊。如果她上过学校,应该是识字的,但是这个女人好像不识字,和她笔谈也没有任何反应,叫她写字也不行。"

"这个女人几岁了?"京子问了一句,又朝那个老妇人望了一眼,她身高约一米五,由于佝偻着身子,看上去更显得矮小。身上穿着很土气的衣服,手指上也没戴戒指,估计是被警察搜去保管了。引起京子注意的是她的面部表情。

据说她每次进入审讯室时,既没有局促不安,也没有发怒生气,显得非常镇定。刑警们感到这个老妇人不简单,表面上不露声色,不知心里在想什么。

"她叫秋本常子,六十岁。"龟井口气生硬地回答。

京子道:"她上的小学应该是二战前的学校,也可能根本没有上过学。"

"是吗?"

"正规的聋哑人教育是在二战之后,也就是从1955年才开始的。"京子说着,不由得想起了自己的父母。父亲上过聋哑学校,而母亲出生在农村,没有去聋哑学校上学,在家里帮助父母干活。

京子问:"她家还有其他人吗?"

"她现在一人生活,有个儿子,已经结婚了。"

"她是干什么工作的?"

"她在一个中小企业的社长家里帮佣,干些日常的家务活。"

"她是用手语和社长的家人交流吧?"

"不清楚。"

"你怎么会不清楚呢?"

"因为社长夫妇已经被人杀害了。"

京子不由自主地看了她一眼,暗忖:那种可怕的事真是她干的?

龟井吩咐道:"不管怎么说,你要设法问她,是谁杀害了社长夫妇?"

京子与常子相对而坐,首先开始自我介绍,试图让对方放松戒备心理。

她先用手指着自己的胸口,表示"我"的意思,然后用大拇指和食指在左胸前画个圆圈,表示"名字"两字,用手语问对方:"我的名字叫小早川,来帮助你向警察正确表达心里的想法,明白吗?"京子反复地用手语询问,常子脸上的表情却没有一点变化。

京子不得不继续打着手语发问:"是你杀害了友田夫妇吗?"

常子没有回答。京子用手语二三遍地问她,依旧没有回答。

京子终于忍不住了,大声叫道:"你给我好好看看!"

当然,她再怎么叫,对方也听不见。

京子的头脑中,死去的父母和眼前的常子形象重合在一起。小时候,她一发急,就会对父母这样大声嚷嚷。看到常子没反应,京子更焦躁了,机械地重复着同一个问题。

突然,常子的嘴角漾起了一丝微笑。

"难道她知道我问话了?"京子刚松了一口气,她又很快地恢复到原状。

龟井性急地问道:"这个人真的不懂手语吗?"

京子回答:"不一定。否则她平时怎么和别人交流,理解主人的意思呢?说她不识字情有可原,手语应该是懂的。"

龟井耸耸肩,又问:"从过去到现在,手语的方式有变化吗?"

"没有变化。"

"我觉得会有变化。比如,现在的日本和美国的手语方式肯定是不同的。"

京子生气地打断了他的话:"我是手语专家,你不要唠唠叨叨地打横炮。"

"可是,再努力也无法沟通,那可怎么办呢?"

"可能是她有顾虑。"

"顾虑?"

"对。我想她一定害怕了。两个刑警对着她,不害怕才怪呢。能否让我和她两个人待在审讯室里?这样她也许会感到放心,对我的手语也会有所反应。"

"就你们俩待在审讯室里?"龟井不禁和那个年轻的刑警面面相觑。

"放心,我不会让她逃跑的。"

"这个我倒不担心,但她毕竟是杀人事件的犯罪嫌疑人呀……"

"难道你担心我的安全?"京子故作轻松地问道。

龟井的脸色异常严肃,"你是我们借来的办案人员,出了问题就不得了了。"

京子微笑道:"你太多虑了。"

龟井和那个年轻刑警勉强地离开了审讯室。为了安全,都在门外候着。

京子拿了一把椅子放在常子的旁边,坐下后在对方的面前进行手语问话。

"我是你的朋友!"京子一开始就打出这样的手语。

常子的表情没有任何变化。

京子不管对方的反应如何,拼命地设法表达自己的善意:"我不是警察,是社会福利事业事务所的工作人员,我一定会保守你的秘密。请放心地和我交谈,谈什么都可以。"

常子还是无动于衷。京子停下手语,死死地盯着她的眼睛,心想:难道她什么都没看见吗?

在静默中,京子终于忍不住大声地问道:"你的眼珠是玻璃球吗?"

尽管如此,常子听还是不到她的声音,也没有任何的反应。

"有什么话想说就对我说吧!"京子又打出了手语,反复地用手势比画着。她渐渐地感到腰酸背痛,与其是肉体上的疲劳,毋宁是精神上的倦怠。

京子不断地打着手语,常子只是怔怔地看着她。是否真的在看她也不清楚。也许只是痴痴看着空间发呆。

"如果你什么都不说,我就帮不了你。就有可能被判死刑。你不怕吗?"

京子最后打出了威胁性的手语,常子依然显出漠不关心的神态。

"真累呀!"京子无奈地发出一声长叹。

4

审讯室的门开了,龟井和西本走了进来。

"怎么样?好像没什么效果嘛。"龟井苦笑道。

京子问:"这个女人有孩子吧?"

"是有一个儿子,已经结婚了。"

"她的儿子现在在什么地方?"

"好像正在北海道出差,我们已经和他打过电话了,说今天回来。"

"她的儿子听力正常吗？"

"听力？哦,听力正常的。"

"那她平时应该会用手语和儿子对话的。"

京子有些灰心丧气地回到社会福利事业事务所,善于察言观色的富子关切地问道:"这次出去好像不太顺利吧？"

京子无奈地回答:"对方是个老婆婆,用手语和她打招呼也没有反应。因为她是一起杀人事件的犯罪嫌疑人,所以警方需要我帮助审案。但是那个老婆婆很顽固,就是不配合,也不知她是怎么想的……"

京子把在审讯中郁积的烦恼一股脑儿地宣泄出来。

富子问:"你打手语她也看不懂吗？"

"我想她应该看得懂,就是没有反应,把我累得半死。"

"你说得对。"富子表示同意,"有时候用手语吵架倒不累,就怕是你打手语她没反应,那才是最累人的。"

富子又道:"我这就去看望奥田,一块儿去好吗？你也可以向他请教。"

京子爽快地答应了。

奥田一人住在一室户的公寓房里,穿着睡衣迎接了两位探访的同事,亲自为她们倒水沏茶。他拿着茶壶的手一直在不停地颤抖。

奥田焦灼地说道:"我每天不停地服药、按摩,就是不见效。"

京子好奇地发问:"夫人不在身边吗？"

"五年前,我的内人病故了。由于没有孩子,总想干点什么,就学了手语。没想到会引发这样的病症,心里真着急。"奥田显得很无奈。

由于富子家里有小孩,不得不先回去了。京子一人留下来,想就今天碰到的情况请教奥田。

"今天,我第一次被叫去担任手语翻译了。"

奥田不由得睁大眼睛,"是吗?那今天可是个值得纪念的好日子。"

"奥田君,你干了几年手语翻译?"

"整整两年哪。"

"还记得第一次工作的情景吗?"

奥田微笑道:"我当然记得很清楚,当时太紧张了。"

"一定是出色地完成了任务吧?"

"没有。请我去的人是专家。我太紧张了,连简单的手语翻译都没干好。"

"我也没有干好。"京子有些沮丧地叹道。她对奥田详细地叙述了今天去城西警署参与审讯的经过。

奥田同情地问道:"那你吃苦了,精神上一定很疲劳吧?"

"是啊。审讯结束后,我对自己的无能非常生气。"

"你想过没有,问了这些话,为什么对方没有反应?"

"我也这样想过,也许对方的心结完全没有打开吧?"

奥田点点头,"我明白了。"

"你明白什么?"

"我也和你一样,最初干这个工作就不顺利。生气、疲劳、什么都有,真后悔怎么会找这份工作。其实,我当时这样选择是乐于为聋哑人做点事,没想到一上手就破灭了原来的美好愿望。"

"你没有辞职吗?"

"是啊。"

"那为什么呢?"

"你问我为什么我也不清楚。一旦病好了,还想重操旧业。"

"我已经丧失信心了。警方要我和秋本常子的家人见面,心里很纠结。"

"应该和她的家人见面,那是你的工作职责。"

"现在最棘手的还是那个秋本常子,她什么都不肯说,再怎么努力也没用。"

"她不信任你这种听觉良好的正常人,不会马上向你敞开心扉的。"

"她的心情我理解,但我是真心想为聋哑人做点事的。"

"你不要忘了,我们都是听觉良好的正常人。"

"所以我们能够担当手翻译,这不是理所当然的事吗?"

"你能说自己是与常人不同的特殊人才吗?"

"我不觉得是特殊人才……"

"没想让聋哑人觉得你是特殊的吗?"

"非要有这种意识才行?"

"我最初也是这样的,总以为干这项工作只要有使命感就行了,恰恰忘记了对方的心情和感受。"

"你是说我也是这样的?"

"难道我说得不对吗?"

京子有些不服,"我想过秋本常子的感受,不但同情她,还想帮助她。"

"我明白你的意思,最初我也有这种想法。但是尽了力,对方还是不满意,所以很困惑。我为你服务,应该感谢我才对,但是你不领情,让我很生气。"

"这样的想法不对吗?"

"说是这样说,可是……"奥田说着,用颤抖的手拿起茶碗喝了一口茶。

京子疑惑地问道:"你想说什么?我不明白。"

奥田深沉地看着京子,"我读过一本外国小说,名叫《海的沉默》……"

5

京子好奇地问道:"小说的主人公是手语翻译还是聋哑人?"

"很遗憾,都不是。是一个德国纳粹的故事。"

"纳粹的故事?"京子感到有些不解。

"第二次世界大战时,纳粹德国占领了法国首都巴黎。占领军的一个年轻军官是小说的主人公,他喜欢法国文学,还会弹一手好钢琴,是所谓的知识分子。"

"……"

"他在巴黎的时候,爱上了一个地道的巴黎姑娘。尽管再三表明自己的心迹,那个姑娘始终没回答。他拼命地努力,回答他的依然是沉默。这个年轻的德国人很不理解,自己虽然是德国纳粹军人,但尊敬法国的文化,从没蔑视法国人,而且真诚地挚爱那个法国姑娘,为什么得不到对方的理解呢?其实,他的想法是片面的。因为在法国人的眼里,他就是一个德国纳粹军人,是杀害法国人、占领法国的法西斯纳粹,所以那个法国姑娘对他的疯狂追求只能保持沉默。"

京子听了这个故事还是不得要领,"奥田君想对我说什么呢?"

"我想让你知道一个人要客观地认识自己是非常困难的,我也不例外。总以为学习了手语,是聋哑人的朋友,他们应该感谢我才对……"

"这种想法不对吗?"

"不是说对还是错。你想想,今天见到的秋本常子对听觉良好的正常人就是不信任,在她的眼里,你不过是个冷漠的正常人。"

"……"

"即使你说是她的朋友也没用,她觉得你和其他的正常人没有区别。"

"……"

"我刚开始也不能客观地看待自己,所以非常理解你的困惑和生气。"

"那我该怎么办才好呢?"京子急切地问道。

"你真想帮助那个叫秋本常子的老妇人吗?"

"是的。"

"既然如此,为什么不试着去理解她呢?"

"她什么都不和我交流,怎么去理解她?"

"所以你就生气啦?"

"我是个纯粹的手语翻译,除了生气,还能怎么办呢?"

"你不能对她的情况进行调查吗? 即使她不肯说,调查一下也好嘛。"

"让我好好想想。"京子起身向奥田告别。刚走到门口,又回过头来问:"那部小说的结局如何? 那个年轻的纳粹军官和美丽的巴黎姑娘最后怎样了?"

奥田笑答:"他俩最后终于互相理解了。"

6

第二天,应龟井警官之邀,京子再次去了城西警署。

"你辛苦了!"龟井寒暄之后,又道,"她的儿子神田浩刚才来过了。"

"神田? 怎么不姓秋本呢?"

"因为他成了有钱人的赘婿,有一个可爱的孩子。"

"神田怎么说呢?"

"他只说妈妈做的事和自己没关系。"

"真是个冷漠的儿子。"京子忍不住说了一句。

龟井叹息道:"神田是有点冷漠,但从儿子的立场上来看,首先必须保住自己的幸福。在日本,只要家人中一人犯罪,全家都会受到牵连。"

"那我现在该做什么呢?"京子茫然地问道。

"我想请你和秋本常子再谈谈。"

"可我觉得已经无话可说了,还是叫她儿子去说说吧。神田一定会手语,也许见了儿子后,常子就会说出隐情。"

"那可不行。"

"为什么?"

"他们不想见面。"

"是儿子不想见吗?"

"不,是母亲,我把神田带入审讯室,常子一见到他就大哭起来,还做出手势要儿子滚出去。我们怎么劝都不行。"

"那儿子是怎么说的?"

"他说妈妈总是不交流,只是'啊,啊'地叫嚷,所以母子俩不住在一起。"

"不过秋本常子也讨厌我呀。"

龟井鼓励道:"她刚才见了儿子情绪就发生了波动,说明她也在变化,这次也许会和你交流呢。她老是沉默对我们办案很不利,相信你能让她配合我们。"

"那我就再试试看吧,行不行还不好说。"京子说着走进了审讯室。

秋本常子还如昨天那样,弓着背坐在椅子上。

京子在她的面前坐下来,仔细地看着对方,发现她的面部表情没有变化。

京子向她打出了手语:"我见到了你的儿子。"

常子看到这个手语,脸上突然出现了细微的变化。

京子松了一口气:她果然懂手语。此时又感到愤懑,昨天对她不停地打手语,连手都痛了,为什么没有一点反应呢?

京子又用手语继续说道:"你的儿子很担心你,希望你能对我和警察说实话,由我当手语翻译。"

常子使劲地摇着头。

京子问:"要不要请你儿子到这儿来?"

常子还是使劲地摇头。

京子再次想起了死去的父母。上中小学的时候,她为自己的聋哑父母感到耻辱,不许他们到学校旁听上课和观摩运动会,现在想想真是后悔莫及。

难道常子和神田浩之间也发生过这样的事吗?

"你为什么不想和儿子见面?"

常子依然保持沉默,并一个劲地摇着头。

京子想起奥田的话来,觉得无论如何要让她理解自己。虽然现在还不能全盘接受奥田的说法,但她暗下决心,在关键时刻绝不后退。

此外,还有父母的因素。看到面前的常子,就会想起亡故的父母,特别是母亲的神态总会和常子重合在一起。京子一直在后悔,是自己让母亲悲惨地死去了。所以她真诚地想为常子做些什么,这样至少能向父母表示一点赎罪之意。

想到此,京子立刻走出审讯室,去和常子的儿子见面。

7

神田浩和他母亲不像,是个身材高大的英俊男子。他穿着笔挺的西服，系的领带也很漂亮，也许是他夫人亲自选的吧。

京子递上自己的名片，神田浩也回敬一张写着营业主任职务的名片。

"我母亲的事承蒙得到您的关照，非常感谢。"神田浩客气地说道。

"你母亲懂手语吗？"京子想得到他的确认。

"她没有正式学过，必要的词语还是懂一些的。"

"你是她的儿子，也懂手语吗？"

"多少懂一点，但是我接受的是普通教育，对手语不内行。"

"你母亲为什么不和你交流，甚至不喜欢和你见面？"

神田浩露出了困惑的表情，"妈妈过去就是这样不近情理的，爸爸死后，这种情况更严重了。她反对我结婚，我妻子提出和她一起居住也不同意。我有了儿子后有时带着他去见奶奶，她也不见自己的孙子。"

"不过，她现在已是杀人事件的犯罪嫌疑人，正是需要别人帮助的时候。"

"这个我知道。但是妈妈不喜欢和我见面，我也帮不了什么忙。如果她一旦受到起诉，我会请最好的律师为她辩护，我能做的只有这些了。"

"我还是不明白。"京子深深地叹了一口气。

"这是为什么？"神田浩不解地问道。

"你母亲被逮捕后，戒备心一定很强，但她为什么不愿见自己的儿子呢？"

"我刚才已经说过多次了，妈妈反对我的婚姻，到现在还是耿耿于怀。"神田浩说着，拿出一张照片给京子看。

这是一张神田浩全家福的照片，他的儿子大约三岁左右，长得十分可爱。

神田浩说:"你能把这张照片交给我妈妈吗?她到现在也没见过孙子的面,所以想请您让她看看这张照片。"

"那好吧,我收下了。"京子收下了照片,心里仍有解不开的疙瘩。

结果,神田浩没有再见母亲,一人独自回去了。

京子把神田浩交与的照片拿给龟井看。

龟井大喜,"这张照片也许会打动她的心,而且能配合你的手语提问。"

"秋本常子真是杀人凶手吗?"京子终于提出了郁结多日的疑问。她不相信这个年逾六十的小个子老妇人能杀人,况且是两个受害者,简直不可思议。

龟井皱起眉头看着京子,"难道你也想当侦探吗?"

"你这话是什么意思?"

"我们是专业的刑警,怀疑她是罪犯才逮捕的,不懂行的人最好别插嘴。"

京子毫不示弱地回敬道:"我并不想当侦探,只觉得不了解案情就无法做好工作,所以才提出这个问题。她到现在还没解开心结,再怎么问也没用。"

"你太要强了!"龟井笑道,"我昨天已经对你说了,她是一个中小企业社长家的佣人,平时干些烧饭、跑腿的杂活。因为不会说话,还得带着主人写好的字条出去购物。除了她,家里还有另一个年轻的佣人。那个佣人的每月工资是二三十万日元,而她的月工资还不到十万日元。"

"为什么会有那么大的差别呢?"

"据说主人认为她是聋哑人,很难使唤,只叫她干些杂活,把她当傻瓜一样看待。所以她怀恨在心,在前天傍晚趁机杀害了社长夫妇。"

"你们有她杀人的证据吗?"

"我们在她的房间里找到了社长夫人的钻戒和手表。至于凶器嘛,就是她制作料理用的菜刀。"

"常子承认是她杀的吗?"

龟井摇摇头,"她没有自供,只是保持沉默,连你打出的手语也不回应。"

第二章

1

在设立搜查本部的城西警署,处理这次杀人事件的总指挥十津川警长接待了两位客人的来访。一位是多次协助询问的手语翻译小早川京子,另一位是年约五十五六岁的小个子男子,他递出的名片上写着关口要律师。

交换名片之后,冷不防京子开始了手语翻译,十津川一时愣住了。因为在十津川先入为主的观念中,根本没想到还有聋哑人担任的律师。

在十七岁的时候,关口律师因为生病造成了失聪的后遗症。其后,他苦学口形语和手语,不但能看着对方的口形变化明白话语的意思,自己也能发声说话。

"我的发声你听起来会有困难,所以请手语翻译帮忙。"关口通过京子对十津川这样说道。接着,他说明了自己的来意,"我认为被捕的秋本常子需要我,所以特地来和她见面,不知是否可行?"

十津川爽快地回答:"那是律师的权利,和她见面没问题。不过,她也许什么都不会说。这个担任手语翻译的姑娘也尝试过,再怎么努力她也不配合。"

"这个我明白。但是作为律师,我必须竭尽全力。再说我和秋本常子女士都是聋哑人,至少比普通人更能理解她的心情。"

十津川问:"你以前认识秋本常子吗?"

"不,不认识,还没见过一次面。"

"如此说来,是她儿子、儿媳拜托你当她的律师吧?"

"她的儿子神田浩君聘请了一家大型律师事务所的名律师担任辩护律师。那位律师知道辩护者是个聋哑人后,就转而委托我担任这项工作。"关口苦笑道。

于是,十津川决定让关口和京子在审讯室会见秋本常子。当他把两位客人带入审讯室,自己回到办公室后,正巧去外面调查的龟井也回来了。

"今天,律师来见秋本常子了。"十津川说着,把关口律师的名片递给龟井。

龟井问:"是怎样的人啊?"

"是个失去听觉的律师。"

"啊?"龟井惊讶得叫出声来,"现在不但秋本常子是聋哑人,连律师也失去听觉,真是了不得,我要晕死了。"

十津川问:"通过调查,找到了新的线索吗?"

龟井回答:"现已查明被害的友田夫妇是典型的大地主。他们开的汽车修理厂并不赚钱,但是随着地价暴涨,工厂占用的五百坪地大获其利,飚升到三十亿日元的天价。据说夫妇俩卖掉了工厂的土地,还清了两亿日元的债款,然后开个便利商店,轻轻松松地过上富裕的好日子。"

十津川又问:"那么说,他们很有钱喽?"

龟井回答:"和大企业雇佣的社长相比,友田之流的中小企业社长更有钱。他整天开着外国进口车兜风,还给妻子搜购了大量的珠宝。"

"外界对这对夫妇的评价如何?"

"似乎不太好。他们对人都很冷漠,是有名的吝啬鬼。据说有个十多年交情的老朋友来调头寸,被他们一口拒绝。而且对秋本常子也很苛刻,给的工资少得可怜,还经常痛骂她。所以许多人都认为是愤怒的常子杀害了他们。"

"原来如此!"

"友田的妻子还经常对外说常子是个聋哑人,不好使唤,纯粹是可怜她才雇佣的。但是邻居们都认为友田的妻子得了便宜还卖乖,太没道德了。"

"大家对秋本常子的评价如何?"

"经过多方打听也没听到什么。"

"她是佣人,不会去鱼市场或蔬菜店购物吗?这样必然会和外人交流。"

"你说得不错,但是常子的情况还是与众不同。我刚才说了,友田夫妇在自己的住宅附近开了一家便利商店,家里所需的日常用品大多数是便利商店供应的。即使是店里没有的食材需要常子外出购买,她可以拿着主人写的字条去市场,对方看了字条就能把所需的食材买给她,所以基本上不做语言交流。"龟井说着,把一张从寿司店得到的字条递给十津川看,上面写着"梅子饭团、五份"。

龟井解释道:"五天前,友田家来了客人,常子就是拿着这张字条去寿司店买饭团的。"

十津川道:"要是能打电话的话就方便了。"

龟井笑答:"聋哑人怎么能用电话呢?"

"要是发传真呢?"

"常子不识字,叫她发传真就如叫她打电话一样。"

十津川点点头,转念一想,觉得今后可以通过传真和关口律师联系。

这时,龟井忍不住问道:"地区检察院是什么态度,准备起诉吗？"

"还没有。检察长还没签字，不得不采取慎重的态度。"

"他们怕什么？我有充分的证据。现场看不到外来罪犯进入的痕迹，并且在秋本常子的房间里搜出了友田夫人的钻戒。"

十津川问："友田家的另一个佣人情况怎样？"

"她在案发的那天请了假，和男朋友一起出去游玩了。"

"她叫什么名字？"

"野口绿子，今年二十七岁。"

"那是个怎样的女人？"

"我们通过调查，不是认为她不是罪犯吗？"

"不能这么说，我现在想知道全部的案情。"

"她的简历全写在这儿了。"龟井把笔记本递给十津川。

十津川打开一看，上面清晰地写着这样几行字：① 1966 年 9 月 11 日出生于福岛市 ②三兄妹中的小妹 ③福岛市商业学校毕业后上东京寻找工作 ④在 M 银行新宿支行工作 ⑤ 1988 年退职、结婚 ⑥在超市和夜总会工作了一段时间。从 2001 年开始，在友田家帮佣。

"她是怎样的性格？"十津川一边看，一边问。

"我们向她的夜总会同事和友田家的邻居调查过。都说她为人处世很谨慎，干活也很麻利。也有人说她做事没常性、爱虚荣，或许是她离婚的原因。"

十津川抬头看着龟井，"一个爱虚荣的女人，会甘心长期当女佣人吗？"

龟井道："我也觉得奇怪。不过，她好像在友田家里过得很滋润。"

"怎么个滋润法？"

"现在社会上劳动力不足，女佣人奇缺，像她这样年轻的女佣人更是凤毛麟角。友田夫妇对她特别优待，把她不喜欢干的家务全部推给秋本常子。听说像打扫房间、洗衣服、购物等工作都由常子一人干。所以她在友田家里过着舒适的生活,拿到的工资也不比外面公司的女职员少。"

十津川惊奇地皱起眉头,"野口绿子不就是个女佣人吗?"

"是的。"

"她把日常的家务活都让秋本常子去干,自己做什么呢?"

"她只做接听电话、端茶水两项工作,因为常子是聋哑人,根本干不了。"

"哦,自己只干轻巧的活,粗重的家务都交给秋本常子……"

"是的。"

"野口绿子的收入很不错吧?"

"她的工资是常子的两三倍,大约有二三十万日元。"

"唔,确实享受了很好的待遇。"

"现在的社会状况就是这样,你付不出较高的工作,那些年轻的女佣人就不会来,况且野口绿子长得很漂亮。"龟井拿出绿子的照片给十津川看。

这是一张在友田家大门口拍的照片,身材苗条的绿子穿着漂亮的裙子,自有一番别样的风情。与其说她是个普通的女佣,毋宁更像友田家的千金小姐。

确实,绿子是个细皮嫩肉、皓齿明眸的小美人。

"你看,她长着一个男人喜欢的脸吧?"龟井暧昧地笑道。

十津川细心地发问:"她和男主人有什么特殊关系吗?"

"这一点现在还不好说。"

"难道你听说了两人有关系的传言?"

"是的。大家都说友田很喜欢年轻漂亮的女人,很有吸引女人的手段。"

"一个喜欢女人的男人和一个年轻美人同在屋檐下会是怎样的状况?"

龟井笑答:"肯定处于非常危险的状态。"

十津川问:"友田夫人是个爱吃醋的人吗?"

"关于这事有各种各样的传闻。由于友田夫人刚死不久,所以还没听到极端的恶评。但是友田的出轨还是引起了夫人的忌恨,所以也有人说是夫人先用刀刺杀了丈夫,然后再自杀的。看来夫人的醋性相当大。"龟井这样解释道。

"既然如此,为什么还容忍家里放着一个年轻美貌的女佣人呢?"

"因为来他们家的客人很多,为了接待好客人,的确需要一个年轻漂亮的女佣人。而且客人也喜欢喝小美人端来的茶水。"

"你是说夫人一直在克制自己吗?"

"这个不清楚。我认为是夫人出于需要才不得不雇用绿子。"

2

关口律师和小早川京子走出审讯室。

"秋本常子是不幸的。"关口通过京子对十津川说道。

十津川露出一丝苦笑,"我明白律师先生的意思。你说她无辜,有证据吗?"

"她不会去杀人的。"

"这是感情用事的观点,在法庭上毫无用处。你是律师,应该明白这一点。"十津川冷冷说道,"难道因为秋本常子是聋哑人,你从一开始就同情她了?"

关口不满地皱起眉头,"我是一名律师,当然要为被捕的犯罪嫌疑人辩护,我说常子无罪必然要为这个信念斗争到底,这是我当律师的职责。"

十津川道："你的观点充满了个人感情色彩,而且也回避了事实。"

"谢谢你的忠告,我会冷静地陈述事实的。"

关口的话是通过京子的翻译传入十津川的耳朵,所以听起来还比较柔和。想必他的原话一定是比较激烈的。

十津川问："秋本常子对你说了些什么?"

龟井也死死地盯着关口。

关口对京子快速地打出各种手语,十津川看不懂,无法做出判断。

京子缓缓地开口翻译道："常子对我说了各种情况,包括拘留所的待遇,现在想要的东西以及孙子要过生日,她准备送什么礼物等等。"

十津川有些急躁地发问："这些都是日常小事。我们想知道是她杀了友田夫妇吗?如果是她干的,那么杀人的动机是什么?说她无罪,为什么在她的房间里搜出了友田夫人的钻戒?你是律师,应该知道我们需要搞清楚的问题。秋本常子对这些问题是怎么回答的?"

关口的脸色顿时阴沉下来,"这些问题无可奉告,为受托人保守秘密是律师的本分。"

"在法庭审理的时候,你不想说也必须公开这些内容。"龟井威胁道。

关口问："你们打算把她的案子送检察院吗?"

龟井自信满满地回答："我们有充分的证据。"

关口摇摇头,"我不这么认为。她是聋哑人,有着常人没有的生理缺陷,所以自我辩护能力极差。我虽然辩护能力也不强,但认为她是无辜的。光凭她的生理缺陷就可以认为她极可能是蒙冤入狱的。而你们的想法和我恰恰相反,因为她自我辩护能力差,就一口咬定她有罪。"

"绝无此事!"龟井高声大叫。

十津川苦笑:"龟井君,你再怎么叫也是徒劳的,他根本听不到。"

"可他根本不了解我们调查的情况,还妄下断言。"龟井依然余怒未消。

关口不解地问京子:"这个人为什么要发火?"

龟井失望地看着关口,语气开始越来越激烈,"你说常子是无辜的,请拿出证据来,你是她的律师,说这种话实在不敢领教。"

关口坚定地回答:"你们只要进行认真的调查,就会明白她是无辜的。"

龟井睨视着关口,"所以她对你说了什么很重要,请务必告诉我们。"

关口依然不为所动,"调查案件不是你们警方的工作吗?如果调查清楚了,就应该尽快释放秋本常子。"

龟井问:"你的意思是我们的搜查都白费了?"

"对不起,我不得不这样认为。我刚才已经说了,秋本常子不信任警察,她自己又没能力自我辩护。所以我对你们轻易把她定为罪犯非常不满。"

"难道我们的搜查工作是很容易的吗?"

"很遗憾,我只能说声对不起!"

"你说什么?!"龟井再次发出了怒吼。

十津川赶紧制止龟井发怒,对关口说道:"如果现在没什么事,请回去吧。"

"你们还不准备释放秋本常子吗?"

"对不起,现在不能释放。"

关口带着京子回去后,十津川严肃地命令龟井:"重新调查这个案件!"

龟井不服气地反问:"难道你也相信那个律师的话?"

"不是这个意思。"

"我还是认为秋本常子是有罪的。"

"这个我知道。"

"既然如此,为什么还要重新调查呢?"龟井仍然一头雾水。

"秋本常子对我们什么也没说,就是来了手语翻译后她也不配合。所以我们这样定她的罪是否有些简单化了?为了慎重起见,我觉得有必要重新调查案情。如果搞错了,一定会被人指责我们冤枉了聋哑人。"

"警长你怕了?!"

"对这种情况还是小心为好。"十津川又道,"我现在要出去一会儿,你和西本他们立刻重新调查这个案子。"

"你现在去哪儿?"

"等我回来再告诉你吧。"

十津川走出搜查本部后,没有开车,直接乘上了电车。

他去的地方是手语翻译小早川京子的住所。到达那儿之后,京子还没有回来,只得在门口耐心等待。十津川当了刑警后,耐心等待已成了家常便饭。

过了一个小时,京子回来了。一见到十津川就不快地皱起眉头。

十津川解释道:"我有话要说,所以就在这儿等你。"

京子冷冷地回答:"我可没有话要说,只觉得非常累,想休息一下。"

"我知道,但是这件事非常重要。"

"是关于案子的事吗?"

"是的。"

"那就请你直接对关口律师说吧。我只是个翻译,其他什么都不知道。"

"我们非常需要你的协助。"

"为什么?"京子警惕地看着十津川。

"在这儿说话不方便,附近有家茶室,去那儿说话怎样?"

"为什么非得现在说不可呢?"京子感到十分讶异。

"拜托了!"十津川急迫地说道。

3

两人进入附近的一家茶室。

十津川一入座,就要了咖啡和蛋糕,京子的脸色还是很紧张。

十津川呷了一口咖啡,缓缓地开口道:"说实话,对这个案件我也感到很棘手,犯罪嫌疑人是个聋哑人,我们该怎么办呢?当然,首先要头脑冷静,要以平常心对待,至于如何处理,效果如何实在不得而知。"

京子问:"你们注意到外界对此案的评判吗?"

十津川点点头,"嗯"了一声,"我想说这样的事不会有的。我们注意到外界的舆论。秋木常子是个聋哑人,如果简单地定她有罪会使人产生恐惧心理。"

"如此说来,难道要像关口律师说的那样,对此案进行慎重的调查吗?"

"我们准备这么做。不过,首先要得到秋本常子的配合。"

"我可不是秋本常子呀。"

"我们当然需要你的协助。"

"我还是不太明白。"

"秋本常子对关口律师到底说了什么?我们很想知道谈话的内容。"

"这事你怎么不直接去问关口律师?"

"问了也没用,因为关口律师不相信我们警察。"

"关口律师的确批评警察的调查工作不充分,还说若能进行深入的调查,很快就会明白秋本常子是无辜的。"

"为了证实秋本常子的无辜,我们必须得到她的证言。比如说,为什么被害人的钻戒会出现在她的房间里?如果她有反驳的充分理由,我们就根据她提出的理由重新进行调查,所以很想知道她对关口律师说的话。"

京子听了长久地沉默不语。

十津川拿起咖啡杯,又放在桌子上,这样的动作反复了多次。他对京子诚恳地说道:"拜托了,这不仅是为了我们,也是为了秋本常子,请告诉我吧。"

京子沉吟了半响,终于开口道:"她没提钻戒的事。"

"那她说了些什么呢?"

"关口律师只是和她闲聊。是从她的孩子聊起的,还说了那场战争的事。"

"说了那场战争的事?"十津川颇感意外。

"是啊,他们谈得很起劲。什么美国飞机的大轰炸呀,什么断水缺粮的日子很艰难呀等等。"

"他们还说了什么?"

"常子还说了战争结束后她结婚生子的事,说养育这个孩子很辛苦。她似乎沉浸在往事的回忆中,一直喋喋不休地说个不停。"

"没说起这个案子的事吗?"

"嗯,几乎没有提起。"

"秋本常子不说这事我能理解,但关口律师是什么态度呢?作为律师向当事人了解案情不是很自然的吗?否则怎能根据秋本常子的证言展开辩护呢?"

听到十津川的责问,京子眨巴着眼睛回答:"别怪我,我不是律师。"

"哦,对不起。我只是觉得关口律师不向当事人问及案情太不可思议了。"

"关口律师认为,一个在战争中受尽苦难、在战后含辛茹苦地抚育孩子的女人是不会去杀人的。"

"他的结论太奇怪了!"十津川惊讶得扬起了双眉。

"怪在哪儿?"京子不解地问道。

"作家和诗人的眼光很单纯,相信一个人有过苦难的经历就不会犯罪,他们对犯罪问题完全是外行。而我和律师都是犯罪问题的专家,肯定不能有这样幼稚的想法。如果在法庭上阐述这样的观点,一定会贻笑大方的。"

"不过,这也是一部分人的看法。"

"也许是这样,但我们是警察,不能据此就认为犯罪嫌疑人是无辜的。因为也有辛苦打工的人犯下杀人案的案例。我想再确认一下,关口律师真的没有就案情向秋本常子提过各种问题吗?"

"只问过一次。"

"是吗?如果一次都没问就太奇怪了。她是怎么回答的?请你如实告诉我,比如,案发时她不在现场,而是在什么地方。我们立刻去那儿实地调查,一旦证明她说的话是真实的,我们马上就释放她。我们并没有毫无根据地一味认定她就是罪犯,如果她是无辜的,希望能拿出证据来。"

十津川是真心实意地说这番话的。他也不能想象秋本常子这样的老年人是杀人凶犯,因为她的年龄正巧和自己的母亲相仿。

京子道:"关口律师确实问过她,'友田夫妇真是你杀害的吗?'"

十津川松了一口气,"这就对了。她是怎么回答的?"

"她什么都没讲。既不打手语,也不写字。"

"什么都没讲?"

"是的,什么都没讲。"

"关口律师是懂手语的。即使你不在场,两人也能通过手语对话。在你不注意的时候,秋本常子有没有通过手语向关口律师传递什么信息吗?"

"没有发生这种情况,我一直在他们身边。"

"既然如此,关口律师为什么还感到很满足呢?"

"确实如此。"

"关口律师作为律师是失格的。"十津川不满地说道。

"你说这些我不懂。"京子淡淡地回答。

"你没有对我隐瞒什么吧?"

"绝对没有隐瞒,全都告诉你了。"

"那么,她对友田夫人的钻戒之事是怎样辩解的呢?"

京子拿起杯子呷了一口咖啡,"我能谈谈个人的意见吗?"

"当然可以。"

"我认为事情并不那么简单,也许有人要常子背上偷窃的罪名,故意把友田夫人的钻戒偷偷地放到她的房间里。这样的可能性不存在吗?"

"你认为是谁干的?"

"有可能是另一个佣人。"

"唔,有可能。"十津川表示同感。突然,他似乎恍然大悟,"你刚才说的难道是关口律师的观点吗?"

京子笑着反问:"你还不明白?"

"我明白了。"

"关口律师离开警署后,曾在路上谈起他的推理。我同意他的想法,所以刚才就对你说了。如果秋本常子不是罪犯,一定是有人故意把夫人的钻戒偷放在她的房间里,因为钻戒本身是不会走动的。"

"这也是关口律师的想法吗?"十津川露出了放心的神色。他以前不理解关口的想法,所以心里一直很不安。他进而想到,也许秋本常子已经告诉关口自己不在现场的证明,而关口决心在法庭审判前将此隐瞒到底。如果到那时突然出示这个证据,警方就绝对被动了。如果秋本常子是无辜的,罪犯一定是另一个女佣野口绿子。她为了嫁罪于常子,故意把夫人的钻戒偷放在常子的房间里。要是这个推理能够成立,其他问题就迎刃而解了。

"谢谢你的帮助!"十津川站起身来,对京子真诚地表示谢意。

4

在龟井等人对友田夫妇被害案再次调查的时候,又发生了一起新的案件。

搜查一课的本多课长亲自给身在搜查本部的十津川打来了电话,"有人从区公所附近的公寓上面坠楼身亡。死者名叫高桥顺一,今年四十五岁。你马上赶去现场调查,估计又是一起凶杀案。"

十津川有些为难地回答:"我正在调查一起凶杀案,到现在也没有破案。"

"这个我知道。"本多课长打断了他的话语,"在你经办的那起凶杀案中,除了秋本常子之外,被害人家中还有另一个女佣人,你注意到没有?"

十津川回答:"当然注意到了。"

"她是不是叫野口绿子?"

"是的。"

"那个坠楼死亡的高桥顺一是一名私家侦探,我们在他的事务所里发现了一张野口绿子和一个中年男子合影的照片。"

十津川听了立刻回答:"知道了,我立刻去现场。"

于是,他和龟井乘上警用吉普,风驰电掣地朝高桥顺一的住所驶去。

十津川走进公寓,看到706室的邮箱上贴着"高桥侦探事务所"的标签。

他们立即赶到706室,搜查班的刑警们正守在那儿。

老朋友中村警长对十津川说:"死者的尸体已运去大学医院解剖了。"

十津川回答:"我想见见那张有问题的照片。"

"那就快进屋吧。"

俩人随即进入了706室。那是一套两居室的房间。

中村拿了一把椅子坐下来,从口袋里掏出一张照片给十津川看。

这是一张隐蔽拍摄的照片。画面是夜晚一对刚从宾馆出来的男女,两人紧紧地牵着手。女人就是野口绿子,男的背着脸看不清,约有四五十岁的年龄。

十津川问:"这张照片是从哪儿找到的?"

中村回答:"我们是在办公桌的抽屉里找到的。"

这时,十津川发现阳台的玻璃窗正开着。

中村解释道:"从现场的状况来看,死者一定有无法摆脱的烦恼,所以今天从这阳台上跳楼自杀了。"

"有没有异常的情况?"

"我们到处都搜遍了,就是没有发现他留下的遗书。"

十津川道:"这也不奇怪,不留遗书自杀的人为数不少。"

中村率人撤离后,接手调查的十津川叫来了西本等人。没过多久,负责鉴别的警官也赶到现场进行指纹检测。高桥的死因迷雾重重,他究竟是自杀还是不慎坠楼,抑或是被人推下楼去的,一时难以定论。

中村警长曾说当时的房门并没有上锁,所以很难断定高桥是自杀的。十津川对赶来的西本等人命令道:"迅速调查高桥顺一,重点是金钱方面的问题。"

龟井走到阳台上,朝下看了看又返回房间。

"从这样的高度坠落是没救的。"他对十津川说道。

"难道龟井君认为高桥是他杀的吗?"

"房间里没有威士忌和罐装啤酒。"

"也许他不会喝酒吧。"

"若是这样就难以考虑他是醉酒坠楼的,而且从现场来看也不像是自杀。"

十津川戴起手套,开始对整个房间进行仔细的检查。

在三排并列的文件柜中,十津川发现了一些调查委托书和调查报告。

基本上是生活作风的调查,其中绝大多数是夫妻之间的委托调查。

"从文件的数量来看,他的收入并不多。"十津川关了文件柜,这样说道。

龟井指着那张照片问道:"这也是高桥在调查时秘密拍摄的吗?"

"这是调查的内容之一,也许是某家的夫人委托调查她先生的品行吧。"

接着,两人开始逐一翻阅那些调查报告。照片中的男子是谁还是不知道,但那个女子明显是野口绿子。如果报告中有绿子的名字,那份报告就是那张照片的调查报告。但是,当两人翻阅了全部五十份调查报告,并没有发现绿子的名字。

一小时后,西本和日下返回现场。

西本报告:"我们刚才去了附近的S银行城西支行进行调查,发现了一个有趣的现象:每月的二号或三号,高桥总会存入一百万日元左右的存款。在这一年间,每个月都如此。"

十津川问:"每次都是一百万日元吗?"

日下回答:"我们估计高桥每月一号拿到一百万日元,然后在二号把钱存入银行,他在那家银行开了账户。"说着,他把写着高桥名字的账户交给了十津川。

十津川仔细一看,果然如此。每个月的二号或三号,高桥都会把一百万日元的现金存入银行的账户。有时也存入八九十万日元,没有超过一百万日元的记录。

龟井猜测道:"我总觉得像是敲诈的钱款。每月一号拿到近一百万日元,然后在二、三号到银行存钱,全额不超过一百万日元也许就是这个原因。"

十津川觉得有道理,"看来高桥他杀的可能性很大。"

他再次看了这张问题照片,暗忖:难道敲诈的对象是野口绿子吗?

"我们先和绿子见个面!"十津川当即做出了决定。

5

十津川和龟井即刻赶去和绿子见面。

绿子的住所是一个公寓套房,有着十四张榻榻米大小的起居室和六张榻榻米大小的和式卧室。她一人住这样宽敞的套房是很奢华的。

"你们看,我现在过的生活不亚于公司的女白领。"绿子有些自炫地说道

"请你看看这张照片!"十津川把带来的那张问题照片放在绿子的面前。

绿子看了一眼,不满地皱起眉头,"你们让我看这张照片是什么意思?"

"一个名叫高桥的私家侦探持有这张照片,他突然死了。"

"我不认识那个人。"

"照片里和你在一起的男子是谁?"龟井问道。

"我可以不说吗?"绿子有些不情愿。

十津川严肃地发话:"希望你能告诉我们。"

"我要和律师商量一下,你们警察没有权力调查我个人的私事。"绿子突然变得很强硬,挑衅似的说道。

"你是不想告诉我们了?"

"那当然。"

看到绿子坚持不肯说,两人决定暂且收兵。

回来的路上,坐在警用吉普里的龟井冥思苦想后对十津川说道:"你说绿子和那个中年男子是高桥的敲诈对象,这和友田夫妇的被杀事件有关系吗?"

十津川想了一下,"只有一种可能,也许就像一个故事。"

"什么故事?"

"我们假设照片中的中年男子为A。A和野口绿子成了高桥敲诈的对象。A当然有自己的家庭和妻子,如果要他每月支付一百万日元是很困难的,于是他看中了绿子帮佣的友田夫妇家的财产。为了劫取他们的珠宝钱财支付敲诈金额,他俩经过密谋,利用绿子休息的机会,A闯入友田家中作案。"

龟井接口补充道:"A在作案时没想到被友田夫妇发现了,于是双方发生了格斗,A最终杀害了友田夫妇。"

十津川赞道:"你说得没错。"

龟井问:"女佣秋本常子当时想必就在这所宅子里,由于她听不到声音,所以有可能没有注意到这起凶案,对吗?"

十津川点点头,"有这可能。绿子一定事先告诉A,友田家里还有一个聋哑女佣,所以A作案后,就把友田夫人的钻戒偷放在秋本常子的房间后逃走了。"

龟井高兴地说道:"没想到在这儿找到了线索。"

十津川却很谨慎,"现在还不能轻易下结论,完全都是猜测。"

那天中午,高桥的司法解剖结果出来了。十津川最感兴趣的是报告中写着"脑后部裂伤"几个字,这表示高桥是被人用钝器从背后偷袭后再坠楼死亡的。

第三章

1

事件的调查正朝着意外的方向逆转。

十津川的注意力也转到高桥之死和友田夫妇凶杀案是否有关的节点上。

从司法解剖的结果来看,高桥很有可能脑后部受到钝器重击后再被凶手从阳台上推下去坠楼死亡的。如果这个凶手和杀害友田夫妇的罪犯是同一人,秋本常子极有可能是无辜的。

这两起凶案是同一个罪犯干的吗?十津川和龟井都苦苦地思索着。

龟井道:"现在的关键问题是罪犯的作案动机。"

十津川回答:"一般而言,高桥是因敲诈而被凶手杀害的。凶手的犯罪动机可能是为了钱,也可能是出于仇恨。从野口绿子和那个中年男子合影的照片来看,两人都有可能受到高桥的敲诈,所以野口绿子具有杀害高桥的可能性。"

龟井进一步发问:"那么野口绿子有可能杀害友田夫妇吗?"

十津川稍思片刻,做出这样的推理:"受到高桥敲诈的绿子亟需要钱,所以就偷偷地潜入友田夫妇的房间进行偷窃。没想到被友田夫妇发现了。她狗急跳墙地杀害了友田夫妇。如果这个故事能够成立,野口绿子就有杀人的动机。"

"唔,有道理!"龟井表示同意,"不过,问题来了。如果野口绿子杀害了友田夫妇,得到了巨额钱财后,不就失去了杀害高桥的理由吗?因为她完全可以拿出钱来应付高桥的敲诈。"

十津川也看出了其中的问题,"还有一点难以解释。如果是野口绿子杀了高桥,为什么要把她的合影照留在高桥的房间里呢?"

龟井把合影照放在十津川面前,"那个中年男子会是友田吗?"

十津川仔细地端详着,有些迟疑地回答:"那个男子低着头看不见他的面容,但从年纪和体形特征来看,的确很像友田。"

龟井道:"一个有钱的中年男子和年轻的女佣人发生不正常的男女关系在现在是很普遍的,所以友田和绿子手牵手地晒亲热也不奇怪。"

十津川突然有所触动,"如果真是这样,那么高桥敲诈的就不是野口绿子,而是友田,因为友田是个有钱的老板。"

龟井也来了兴趣,"我们要不要再去找野口绿子问问?"

两人立刻再度赶到野口绿子家,绿子以一张正在化妆的脸接待了他们。

龟井默默地把合影照放到野口绿子的面前。

绿子修饰着指甲,随意地看了一眼,惊诧地问道:"怎么还是这张照片?"

龟井口气强硬地发问:"和你在一起的那个男子是谁?"

"这纯粹是我个人隐私,没必要对你们警察说吧?"绿子停止修饰指甲,毫不示弱地睨视着龟井。

龟井绵里藏针地回答:"通常是这样的,但是这张照片的拥有者被害了就另当别论,甚至连你都有杀人的嫌疑。"

野口绿子板着脸,"别开玩笑了,死者是谁我都不知道,怎么可以凭这张随便拍下的照片诬陷我有杀人嫌疑呢?"

"被害人是个四十五岁的私家侦探,名叫高桥顺一。难道你没有因这张照片受到他的敲诈?"

绿子嘻嘻地笑道:"我还是独身,和谁谈恋爱应该没问题吧?即使是不伦之恋,受谴责的也应该是他,而不是我。"

十津川的口气很严厉,"既然如此,请你告诉我那个中年男子的名字。"

"为什么?"

"即使你没有杀害高桥侦探的动机,那个男子也会有杀心。他应该是个有家室的人,具备被高桥敲诈的条件。"

绿子用那只修饰过指甲的手拿起合影照,"他已经不能杀人了。"

十津川趁机追问:"你说的他就是友田吗?"

绿子无所谓地笑道:"你说得没错,就是他。为了不让夫人太神气,他悄悄地和我偷情,我毫不犹豫地做出反应。"

2

十津川和龟井默默地走出了绿子的公寓。

"有点出乎意外。"龟井低声说道。

十津川一边朝吉普车走去,一边问:"龟井君原来有何期待?"

"原以为私家侦探的凶案和友田夫妇的案子有关连,现在看来关系不大。"

"如果两者有关系,是否认为秋本常子是无辜的?"

"是的。"

"难道龟井君同情那个秋本常子吗?"

"也谈不上什么同情,只觉得她和我死去的母亲很像。"

十津川微笑道:"我还是第一次听到龟井君谈起母亲的事呢。"

龟井有些害羞地回答:"妈妈没什么特长,只不过是个普通的母亲。"

"你觉得她哪点像你的母亲?"

"就是她的顽固。耳朵都听不见了还会那么顽固。我想她的性格就是如此。所以审问时常为她的顽固生气,这时就会想起死去的母亲,真想她啊。"

"哦,她的顽固。"十津川若有所思。

龟井赶紧补充道:"这是我随意的解释,不作数的。"

十津川摇摇头,"不能这么说。我问你,难道你喜欢母亲的顽固吗?"

龟井上了吉普车的驾驶座,笑答:"有时也净给我添麻烦。"

十津川突然领悟到了什么,又问:"你说添麻烦,是指哪些事?"

龟井反问道:"当母亲的不都是很自以为是吗?"

"嗯,有点。"

龟井侃侃而谈:"和现在的年轻妈妈完全不同,过去的母亲大多认为自己孩子做的事都是绝对正确的。这可以说是母亲给孩子无私的爱,但从第三者的立场来看,是完全的溺爱。"

"是有这种意思。"

"小时候,我是个皮大王,经常欺侮其他的小孩。那些孩子的母亲就会带着孩子怒气冲冲地上门问罪。其实,这只是小孩子的小打小闹,只要道个歉就完事了,但是我的母亲很顽固,坚持认为自己的孩子没有错,使对方的母亲很气愤。"

"那的确太顽固了。"

"我母亲很傻,只上过小学,也没什么文化教养。"

"那你为什么还是喜欢这样的母亲呢?"

"说实在,有时喜欢,有时也很讨厌。只是觉得母亲是绝对爱我的。即使我杀了人,留下来始终守护我的只有母亲了。"

十津川道:"听了你这番话,使我不得不想起了秋本常子。"

"你想她干什么?"

"她也是母亲,而且又有了孙子。"

"这个我知道。"

"我和手语翻译小早川京子谈过话,问她秋本常子对关口律师到底说了什么,我们很想知道。"

龟井来了兴趣,"她对律师说了什么?一定认为自己是无辜的吧。"

"好像并不是这样。秋本常子只对律师说了自己以前的生活。包括那场可怕的二战以及战后结婚生子的艰难状况。"

龟井怒声说道:"我的母亲也苦了一辈子。无论是在战争中还是在战后,我们整个日本不都在饱受苦难吗?"

十津川笑道:"龟井君,你为什么要发火呢?"

"我尊敬吃苦耐劳的母亲,讨厌故意夸大苦难的家伙。特别讨厌那种因为受过极度的苦难,所以做了坏事也可原谅的说法。"

龟井有这种想法和他的家境是分不开的。他从小出生在东北一个贫困农民的家庭,年幼的时候吃过各种各样的苦,但他从不标榜自己。

十津川道:"你的心情我很理解。不过,常子的意思是不管多么辛劳,有个孩子就心满意足了。从这点来看,和你母亲的话不是很相像吗?"

龟井依然感到迷惑不解,"难道她为了自己的孩子,就敢把友田夫妇杀了?"

"当然不能这么说。我看过报纸上登的一则新闻,有个年轻的母亲为了拯救掉在水里的孩子,尽管自己不会游泳,依然奋不顾身跳河相救。就如你说的那样,母爱是无私到极致的情感,是无法计算的。"

"这个我明白。"龟井心悦诚服地承认道。

十津川似有新的认识,"秋本常子的生活算不上幸福。如果她唯一的生活希望就是孩子的话,那么为了孩子,她有什么事不能做呢?"

龟井心存疑问,"她为了孩子去杀害友田夫妇,是不是太不可思议了?"

"如果她的孩子被金钱所困,她会怎么办呢?"

"唔,她是有个儿子,叫神田浩。"

"听说他和超市的老板神田肇的女儿冴子结了婚,还有了孩子。"

"若是这样,不就没有被金钱所困的问题吗?虽然作为赘婿多少有些面上无光,但是到将来就不一样了,他就是超市社长的接班人。"龟井的理由很充分。

"你说得没错,但是神田浩现在只是个营业主任,而且他是个高中生,一定有着各种复杂的自卑心理。"十津川的分析也很到位。

"这个我明白,我也是个高中生。"龟井有些气馁地回答。

十津川赶紧解释道:"龟井君当然另当别论。你作为一个刑事警官,能力是超一流的,这些都是在大学里学不到的。"

"确实,我自信在工作能力上不输给那些大学毕业的刑事警官,但是我还是时常为自己没能上大学感到可惜,尽管这和自卑感有所不同。"

"哦,你有这样的想法我倒真的不知道。"十津川听了不由得大吃一惊。因为龟井是个优秀的刑事警官,平时总显得那么干练和自信。

龟井又道:"我没有体验过大学的生活。但听说日本的大学生活是很快乐的,在整整四年的学习期间,大学就是个交朋友的好地方。"

"也可以这么说吧。"

"有了这四年的时间,就可以交到许多朋友,真羡慕啊。"

"不能这么说,在你当刑警的四年中,不是照样交到了很多朋友吗?"

"是交了几个朋友,不过都是干刑警的同行。而上过大学的人就能交上各个领域的朋友,像警长那样的大学毕业生就比我强多了,想必在传媒业、实业界以及政界都有大学时代的朋友吧?"

"唔,是有一些。"

"现在的日本社会是以学历来评判一个人的,是个存在着差别的社会。"

十津川笑道:"你是否想得太多了?"

"也许吧,自己老想着没上过大学,就会产生一种莫名的自卑感。"

"你是说那个神田浩也有这样的自卑感?"

"是的。"

"即便如此,也不能得出神田浩需要钱财的结论吧?"

"那当然。也许他并不需要钱,秋本常子只是出于个人的怨仇杀害了友田夫妇。但是,神田浩作为她的儿子确实有一种自卑感。与此对应会产生超出常理的虚荣心,无论对其夫人或者岳父都会如此。"龟井感到自己的脑洞大开。

"难道是他处于虚荣心才需要钱的?"十津川进一步提问。

"是的。"龟井十分肯定地回答。

"那我们马上去见见那个神田浩!"十津川当即做出了决定。

3

神田浩和妻子住在离神田社长宅邸很近的公寓房里。

十津川和龟井乘坐的警用吉普在公寓前面停了车，正巧碰上刚从公寓里出来的小早川京子和关口律师。

关口一见他们，立刻停住脚步问十津川："你们也去见神田浩吗？"

十津川道："是的。关口律师刚才也和他见面了吧？"

关口通过京子的翻译，笑答："是啊。如果法庭要开庭审理，他可是我所需要的证人哪。我已经多次说了，秋本常子是无辜的，还是尽快释放她吧。"

十津川坚定地摇摇头，"这个做不到！"

"你们一定误捕了她。"

"我能理解你的心情，但是我们有自己的看法。请问你们现在去哪儿？"

关口悻悻地回答："这也不是什么秘密，我们现在就去拜访神田肇社长。"

目送着关口和京子朝神田宅邸走去的身影，十津川和龟井立刻走进公寓，乘上了去五楼的电梯。

今天是超市的休息日，神田浩和妻儿都在家里。

"刚才律师先生来过了，说妈妈是被冤枉的。"神田浩开门见山地说道。

龟井皱起眉头，"律师先生不论对谁都会这么说的。"

神田浩板着脸，"妈妈绝不会去杀人的。"

"你说说，神田社长是个怎样的人？"十津川突然改变了话题。

神田浩露出了疑惑的表情，"当然是个了不起的老板。"

"那他为什么不给你母亲好脸色看？"

"没那回事。社长心地很善良，对残疾人非常理解，还特意准备建造一个'聋哑老人之家'。"

"是'聋哑老人之家'吗？"

"是的。日本现在连普通的'老人之家'都缺乏,要建造一个'聋哑老人之家'简直是个梦想。但是社长偏偏要实现这个梦想,还经常劝我善待妈妈。"

十津川暗忖:难道关口律师是为了这事去见神田社长的吗?

于是,他不慌不忙地问道:"如果你母亲是无辜的,为什么不申辩呢?她完全可以对手语翻译和关口律师说清楚呀。再说,她也没有说出为什么在自己的房间里会有友田夫人钻戒的理由。"

"妈妈从来不善于表达自己的想法。"

"可是,现在是涉及她是不是一个杀人事件嫌疑人的重要关头,即使是个聋哑人,也完全可以通过手语翻译说出自己的想法。她能对律师说出二次大战期间和战后的苦难,包括养育你的事情,为什么不肯说明有关案情的事呢?"

神田浩无言对答,只是坚持说:"关口律师说我妈妈是完全无辜的。"

十津川严肃地说道:"现在负责案件搜查的是我们警察,如果她有表明自己无辜的证据,为什么不告诉我们?只要证据充分,我们就会立刻释放她。"

神田浩依然不为所动,"我对这个案子毫不知情,只能拜托关口律师全权负责了。如果他找到了妈妈无辜的证据,一定会向你们提出释放我妈妈的要求。"

"我想问一下,你最近是否特别需要一大笔钱?"龟井插嘴问道。

神田浩朝龟井看了一眼,"你说什么?"

"你现在有了孩子,又担任了营业主任,开销一定大大地增加了吧?"

神田浩生气地回答:"我明白你的意思。就是说我向妈妈索要大笔的钱,妈妈为了满足我的要求,就杀害了主人夫妇,抢走了他们家的钱财,是不是?"

龟井解释道:"你误解了。我是说,如果你母亲是罪犯,总有她的犯罪动机。"

神田浩大声地反驳:"我并没有受到金钱的困扰。你们不知道我妈妈的犯罪动机,不恰恰证明她是无辜的吗?"

两人觉得再也问不出什么,就向神田浩打个招呼,离开了他的家。

他们决定去见神田社长。为了等待关口离去,先在外面消磨了一段时间。

这是一幢面积宽大的豪宅,通道两旁排列着高大精美的瓷器,客厅的地板上铺着一张巨大斑斓的虎皮。从客厅朝外望去,可见到庭院里有一泓碧波荡漾的水池,许多色彩艳丽的锦鲤在悠闲地游动着。

神田社长大约有五十二三岁的年纪,显得十分精明强干。

一见面,神田就直言道:"关口律师刚离开我这儿。"

十津川很自然地接上口,"我认识他,为了这次事件,我们经常见面。"

神田道:"对不起,我准备为辩护方做证。"

十津川大度地回答:"这是理所当然的事。我们并不需要你在法庭上为我方做证。听说社长先生打算建造一个'聋哑老人之家',是真的吗?"

神田微笑道:"你们是从哪儿听到的?"

"是神田浩告诉我们的。"

"哦,怪不得。我一直希望这事要保密,不对外张扬。"

"为什么? 这不是好事情吗?"十津川不解地问道。

神田谦虚地回答:"如果建个能容纳一两千人的大型老人之家当然值得自豪,但我建造的'聋哑老人之家'只能容纳区区一百人,实在不值得一提。"

龟井问:"你为什么要建一个'聋哑老人之家'呢?"

"我有两个理由。第一,我的店里雇佣了一个聋哑人,他工作很勤快,为人也好。我为了和他交谈,特意去学了手语,现在多少能用一些手语对话了。"神田一边说,一边不时地用手语来表示几个词语的意思。

"你和他交谈什么呢?"十津川问道。

"我问过那个聋哑人,'你最担心的是什么?'他回答:'最担心的是上了年纪干不动了就无法生活。到那时想进入老人之家也困难,因为自己是个聋哑人,耳朵听不见,老人之家未必肯收留。'"

"你的另一个理由是什么?"十津川又问。

"我的女婿神田浩有个聋哑的母亲。每次见到她,就感到必须建造一个'聋哑老人之家'。我通过多年的经营,多少赚了一点钱,想通过这种方式来回报社会。"神田笑嘻嘻地回答。

龟井问:"建造的场所已经定了吗?"

"在千叶县,已经买下了土地。现在正在思考各种设计方案,因为它不同于普通的老人之家。最近,我几乎忘了本职工作,满脑子都是'聋哑老人之家'的事。"神田一边说,一边发出哈哈的笑声。

十津川问:"关口律师听了这个计划,一定很开心吧?"

神田显得很得意,"那当然,我俩虽然初次见面,但是谈得很投缘。我希望他在建造'聋哑老人之家'方面给予大力支持,他爽快地答应了我的请求。"

"那可真不错!"十津川又问,"你对秋本常子的事是怎么想的?"

神田轻轻地咳嗽一声,说道:"我当然相信神田浩的母亲是无辜的,也很高兴地为她做证。我已经答应了关口律师,也许对不住你们了。"

"你家里也使用佣人吧?"十津川突然改变了话题。

神田一时露出了疑惑的神色,"家里这么大,所以请了两个佣人。"

"两个人都是正常人吗?"

"嗯?……啊,那当然。"

"秋本常子在友田家未必得到主人的善待,如果她在你家干活的话,也许不会发生这样的事吧?"

神田点点头,"我也有同感。女儿和神田浩君结婚的时候,我曾对女婿说'是否请你母亲也上我家来?'当然来我家绝不是让她当女佣人。但是她很传统,不喜欢得到别人的照顾。不论怎样请她,死活都不肯来。"

接着,神田叫秘书拿来了'聋哑老人之家'的设计图,亲自为他们讲解。

这是一个外观漂亮、设施完备的老人之家,也许是神田的得意之作。

"关口律师也赞不绝口呢。"神田高兴地说道。

"什么时候能建成啊?"龟井直率地发问。

神田认真地回答:"我真想尽快地建造好,只是还有一部分土地没有买下来,可能要耽搁一点时间。"

龟井有些不悦,"那得拖延多长时间?"

神田无奈地耸耸肩,"谁都知道建造'聋哑老人之家'的重要性。但是一旦知道建在自己家的附近,就会有很多人反对,所以我也很为难。"

"是有这样的事。"十津川附和着对方的说法。说实在,他很不习惯。

"确实如此!"神田使劲地点着头,"我们日本人对待自己和别人是有区别的。听说那些聋哑人要住在附近,首先想到的是会不会扰乱自己的生活,于是就群起反对。他们会说'你做的是好事,请到别的地方去做吧。'"

十津川道:"我们明白了。"

4

两人离开神田的宅邸回到吉普车上时,被他的话完全征服了。

"真是太意外了!"龟井轻轻地摇着头。

十津川问:"你是说神田社长这个人吗?"

"是的。原以为他会反对女儿的婚姻,对秋本常子的事也会大发脾气。没想到他竟然非常同情聋哑亲家,还特意准备在千叶县建造一个'聋哑老人之家',完全出乎我的意料。"

十津川也感叹道:"确实没想到,他也许是个心地善良的慈善家。最初看到那些名贵的瓷花瓶和老虎皮时,还以为他是个只爱金钱的庸人呢。"

龟井一边驾车,一边说:"不过,我对他说的话还是半信半疑。"

"你是指他准备建造的'聋哑老人之家'吗?"

"是啊,这件事是不是真的还吃不准。"

"龟井君,你明天就去千叶县,看看那个场所怎样?"

"这和凶杀案没有直接的关系呀。"

"那也不一定。如果神田社长准备建造'聋哑老人之家'的事是真的,他应该理解聋哑人,也会重视秋本常子。有这样一个理解者常在身边的话,秋本常子就不太会有杀害友田夫妇的动机。当然,这对我们来说是比较难堪的事实。"

龟井想了一下,慨然同意,"好吧,明天我带西本直接去千叶县。"

十津川又叮嘱道:"详细的地址还是打电话问问神田社长吧。"

第二天,龟井带着年轻的刑警西本乘上内房线的列车去了馆山市。神田社长告诉龟井,他准备建造'聋哑老人之家'的场所就在馆山市郊的山林里。

他们来到馆山警署打听路径,热心的署长当即派出熟悉地形的刑警开着吉普车陪他们前去现场。

车行二十分钟左右,来到了一个小山丘的腹地,那儿长着一片广阔的栎树林。树林的一部分已被辟为空地,树着一块写着"老人之家'至诚园'建设用地"的大木牌,上面还写着负责人的姓名——神田肇。

龟井下车后,眺望着这一片栎树林,有些困惑地询问陪同的刑警:"这个工程为什么迟迟不开工呢?"

那个中年刑警这样回答:"这儿原是市有土地,市政府也出售了,但是四周都是私人所有的山林,那些私有者好像都不配合这项工程。"

龟井不由得想起了神田社长的话来,进一步确认道:"你是说在这儿建立'聋哑老人之家'有困难?"

中年刑警讪笑道:"是这么回事。"

"那为什么?"

"现在正是'别墅热''度假村热'的好时机,那些私有者都热衷于砍伐山林,兴建度假村和娱乐设施。况且这儿离海岸很近,景色也非常好。"

龟井回头望去,远处是一片湛蓝的大海,近处的馆山市区尽收眼底,确实美不胜收。

中年刑警继续说道:"这块山林土地还没有得到宅地许可证,所以那些土地所有者意见很大,如果没有许可证就在这块土地上建造三层楼的建筑,反对的声音将更强烈。"

龟井有些不以为然,"建造'聋哑老人之家'是绝对必要的,市有土地的出售不是理所当然的吗?"

中年警官苦笑道:"说是这么说,但是外面已有政治家操控的传言。"

龟井又问:"当地的市民反应如何?"

"建造'聋哑老人之家'的事没人公开反对,只是希望这个老人之家不仅收容聋哑老人,也能让普通的老人入住。"

西本问:"市政府对这项工程赞成吗?"

"市长还没表态。不过,对于建造'聋哑老人之家'市里总要配合的。"

龟井和西本回到馆山市后,又立刻去市政府和市民福祉事业科负责人见面。那人年约三十七八岁,名叫森下。

森下说:"关于那件事,神田先生已经和我谈过多次了。"

龟井问:"市政府准备协助这项工程吗?"

森下讶异地看着龟井,"你们东京的警察怎么会关心起这样的事呢?"

龟井直率地回答:"其实,与这项工程相比,我们更关心神田肇本人。"

"他不是一个很好的慈善家吗?捐建一个'聋哑老人之家'是绝对必要的。"

"听说这块市有土地的出售有政治家操控的嫌疑,这是真的吗?"

"我没听到这样的传闻。"

龟井进一步追问:"你们市政府的协助没有政治家的压力吗?"

"这个我不清楚,你可直接问市长。"森下的脸色阴沉下来。

龟井不顾森下的反应,继续发问:"所谓市政府的协助,包括什么内容呢?"

"主要设施的配套工程,包括修筑从市区到那儿的道路、敷设下水道以及燃气、电的供给等等。"

龟井没有再问什么,就此和森下道谢告别。

两人于当天返回东京,拿出现场拍摄的一次成像照片给十津川看。

龟井解释道:"那儿景色非常好,确实是建设老人之家的最佳场所。"

十津川道:"可也是建设度假村的好地方啊。"

龟井补充道:"所以在那儿建设'聋哑老人之家'多少有些阻力的,也有传言说市有土地的出售是政治家操控的结果。"

十津川问:"建造'聋哑老人之家'会对周边环境产生什么影响呢?"

龟井道:"'聋哑老人之家'需要安静的环境。一旦实施了这个项目,周边土地的宅地化就会越来越困难,所以土地私有者都反对这个项目。"

十津川发出一声赞叹,"尽管困难这么大,神田社长还想独力建造'聋哑老人之家',真是太了不起了,而且还需要大量的金钱。"

"没想到开超市也能赚到这么多的钱"。龟井不无羡慕地说道。

"也许能赚到不少钱,但是把赚来的钱用于建造一个老人之家的设想确实很伟大,不是一般人能做到的。"十津川进一步肯定道。

"关口律师听到这个消息后一定十分感动吧。这也是他孜孜以求的梦想啊。"龟井说着,脑海里不由得浮现出关口的那张脸……

5

对于关口而言,神田肇的态度和准备建造"聋哑老人之家"的设想的确使他喜出望外。他刚接受担任秋本常子的辩护律师时,还有几方面的顾虑。首先是秋本常子身边的家人和亲戚的态度。现在,社会上对聋哑人还存在着世俗的偏见。在他办案的经历中，那些聋哑嫌疑人的家人往往反应很冷淡，要他们担当证人非常困难。所以他原先对神田社长也不敢心存侥幸，因为最初听到的传闻并不好。有人说他对女婿的母亲很冷淡，也有人说他视这个残疾亲家为老废物，此类的传言还有很多。这些情况通常可以忽略不计，但是发生了这个案件后就大不同了，他需要这个超市的大老板能成为秋本常子的证人。

关口在见神田社长之前确实有些忐忑不安，没想到结果完全出乎意料。

神田社长不仅热情地接待了他，还特意拿出自己准备建造聋哑老人之家的图纸让他观看。两人在热烈的气氛中进行了推心置腹的交谈，神田社长最后还答应在法庭审案时出庭担任辩护方的证人。

"一旦千叶县的聋哑老人之家建成了，自己首先会去那儿享清福，完全不必担心将来的生活，她明知这样的情景，怎么会去无端地杀人呢？"神田对关口自信满满地说道。

"请您在法庭上也这样说吧！"关口感激地说着就和神田告别了。

他已接受了神田社长提出的为建造千叶县聋哑老人之家出力的请求，心里非常高兴。关口确实也有一个建造聋哑老人之家的梦想，曾经为了得到资金的援助而四处游说，但是对方的反应都很冷淡，没有人表态要为这个项目出力。所以，关口对神田社长的建造规划不仅刮目相看，简直是欣喜若狂了。

为了办好此案，关口律师决定聘佣一名助手。那人是刚进他律师事务所的一名年轻女律师，今年才三十岁，名叫崛田幸子。

崛田幸子是个正常人，由于学习手语时间不长，不能独当一面。所以在办案的关键时刻，还得聘请小早川京子担任手语翻译。

一天，关口对幸子说道："我想请你去调查私立侦探高桥被杀的案件。"

幸子看着关口,用手语发问:"那个案件和秋本常子的案件有关吗?"

关口回答:"不清楚。不过警方的十津川警长认为两个案件有关联性。"

"那我如何着手调查为好呢?"幸子有些不安地问道。

"好吧,我也一起去,你负责提问。"关口这样决定了。

于是,俩人乘上一辆半旧的"皇冠"牌轿车,由幸子驾车一起离开了律师事务所,首选的目标就是案发现场的高桥私立侦探事务所。

俩人走到侦探事务所的门口,看到上面还挂着一块"严禁擅入"的字牌。

幸子敲了敲门。门开了,露出了一个穿着制服的刑警的脸。

幸子轻声问道:"我们能进去看看吗?"

那个刑警皱着眉头,不耐烦地说道:"上面关照谁都不能进去,再说还没抓到犯罪嫌疑人,我不明白你们当律师的怎么会提出这种要求。"

幸子理直气壮地回答:"不是说高桥案和友田夫妇的凶杀案有关吗?所以和我们有关系。我们是秋本常子的辩护律师,她是友田夫妇凶杀案的犯罪嫌疑人。"

那个刑警听了有些犹豫,说了声:"请稍等,我去请示一下。"

过了两三分钟,他又出现在房门口,说道:"你们可以进去了。不过,这儿是案发现场,进去后不可以动任何物品,也不可以把屋内的物品带出去。"

关口和幸子一起走进房间,俩人仔细地环视着事务所内部的状况。

幸子问那个刑警:"可以用手触摸吗?"

"指纹检测已经结束了,触摸一下没关系,不过房间里的物品……"

"我知道,那些物品不能带出去。"幸子不由得提高了嗓门。

两人打开了文件柜,仔细地查阅着放在柜里的调查报告。

接着,他们又打开办公桌的抽屉和书橱的门,进一步认真察看。刚看了一半,关口就对幸子说道:"看来警方已经把重要的文件都带走了,我们还是去拜访十津川警长吧。"

两人直接去了搜查本部和十津川见面。

十津川一见到关口,开口就问:"听说你们刚才去了高桥侦探事务所?"

显然,在那儿看守的刑警已经事先做了通报。

关口直言不讳地回答:"我们来这儿是想知道高桥案和友田夫妇的凶杀案到底有何关系。你们已经找到了两个案件有关联的证据吗?如果真有其事,请务必告知。因为我们作为秋本常子的辩护律师,也是当事方之一。"

十津川对他们出示了野口绿子和一个中年男子的合影照,"这是我们在高桥侦探事务所里找到的照片,判定高桥把这张照片作为敲诈的工具。除此之外,也没有找到其他的证据。现在还不能说这两个案子是否有关联。"

幸子问:"照片里的那个中年男子是谁,你们认识吗?"

十津川回答:"很遗憾,他低着头,看不清面容,无法断定他是谁。"

第四章

1

关口拉着幸子的手腕走到了房间外面。

幸子惊讶得不知所措,急忙用蹩脚的手语问关口:"怎么啦,先生?"

"你能用手语把他说的意思全部告诉我吗?"关口通过手语和写字问幸子。

"难道他对我们撒谎了吗?"幸子不解关口的意思,睁大眼睛问道。

"他就是逮捕秋本常子的刑事警官。也许上了法庭,宣誓之后才会说真话的。从他的立场来看,我们都是反对阵营的人。"

"不过,他的态度很诚恳呀。"

"唔,在刑事警察中,他还算是好的,但你不要认为他会协助我们。如果调查的结果证明秋本常子是无辜的,岂不坐实了他们误认误捕吗?"

"如此说来,他说不认识照片里的那个男子是欺骗我们吗?"

"有这可能。"

"那个男子低着头,不认识也很正常呀。"

"但是野口绿子在那儿是清楚的,只要一问她就明白了。"

"唔,您说得有道理。"

"警方肯定会问野口绿子的。"

"我们这样相信他们,想不到还会上当受骗。"幸子露出失望的表情。

关口笑着拍了拍幸子的肩膀:"你呀,太年轻,以为大家都是好人。"

"我真傻!"

"你也不要太自责了,那个十津川警长毕竟给我们看了那张照片,如果他是用心不良的警官,绝对会隐瞒此事的。"

"不过我还是很生气,他为什么要撒谎呢?"幸子满脸通红地说道。

关口笑道:"我们也去见一见野口绿子,只要一问就明白了。光靠问警察来解决问题是不行的。"

关口带幸子回到房间后，若无其事地问十津川："这张照片能借用一下吗？"

"没问题，我们已经复印好多张了。"

"除了照片，你们从侦探事务所拿走的物件能否也让我们看看？"

"你是指什么物件？"十津川颇具戒心地反问道。

幸子大声地回答："我们的意思很清楚，就是你们拿走的所有物件。"

"除了照片，我们没有拿走其他的物件。"十津川肯定地回答。

幸子颇感不满，"高桥把照片作为敲诈的工具，他不可能只拍了一张。"

"你和关口律师不是在为秋本常子的事奔走吗？"

"是的。"

"那么与此有关的照片只有这一张。由于照片里有野口绿子，我觉得可能和秋本常子有关，所以给你们看了。其他照片里的人物都与秋本常子没有关系。"

"有没有关系我们自己能够判断。你们把重要的资料藏起来是否太随意了？"幸子睁着那对大眼睛睨视着十津川。

"关口先生，你这个助手真厉害啊。"十津川无奈露出一丝苦笑。

关口看懂了对方不断开合的嘴形，笑道："年轻人嘛，正义感特强，对警方不肯帮助我们很有意见，这也是正常的。"

"她这样相逼不太好吧。"十津川也毫不让步。

"请让我们查阅所有的材料！"幸子再次大声地提出要求。

十津川无奈地吩咐一名年轻的刑警拿来其他七张照片。六张照片有男女形象，只有一张照片里有两个男人。

十津川道："这是全部的照片。你们一看就知道了，照片里的人物都和秋本常子没有关系，只能作为高桥案的参考，对于你们的工作毫无用处。"

"这个,我们可以……"

幸子刚要说下去,十津川就摆摆手打断了她的话语,"我知道,你不是说自己能够判断吗?这些照片都是复制品,可以带走。"

2

离开搜查本部后,关口带着幸子走进了附近的一家茶室。

他对幸子说:"想吃什么就点什么吧。"

幸子面露喜色,"真的吗?"

关口笑道:"当然是真的,我们拿到了需要的照片,这是对你的奖励。"

"这只是侥幸成功,有没有用还说不准,说不定就如那个警官说的那样,七张照片里的人都和秋本常子没有关系。"

幸子说着,把七张照片摊在桌子上。

关口看了照片一眼,嘱咐幸子快点想吃的点心。

幸子想了一会儿,点了一份巧克力冻糕。

关口道:"给我同样来一份吧。"

"啊?"幸子惊讶地问道,"先生也喜欢吃这个吗?"

"老实说,我很早以前就想吃巧克力冻糕了。只是一个人吃有点难为情,这次就借你的光了。"关口露出了羞涩的表情。

吃完巧克力冻糕,关口心满意足地点起一支烟来。

"我想,警方还是认为友田夫妇的凶杀案和高桥的死大有关系。"关口通过手语和写字对幸子说道。

"您为什么要这样想呢?"

"因为这两起案子现在都由十津川警长负责。"

幸子歪着头问道:"秋本常子的案子警方已经决定送检察院,不就意味着他们对这起案子的侦办已经结束了吗?"

"大致是这样的进程。不过,刚结束秋本常子案的十津川团队又接手了新发生的高桥命案,也许他们估计两个案子之间有某种联系。"

"如果是这样,不就说明警方也认为秋本常子案的侦办还没结束吗?"

"警方理应不会这样认为的。当然,也不排除这种可能性。"

"这么说,秋本常子是无辜的可能性更高了。"

"你对此很有信心?"

"是的,既然警方也有这种想法,我们胜算的机会就大大增加了。"

"说得好。你看这七张照片,尽管现在还不能认定和秋本常子有关,但需要进一步的调查,说不定会有新的发现。"

"要是知道照片里的那些男女身份就好了,再去找十津川警长问问行吗?"

关口摇头道:"现在还不行。你再怎么问他也不会告诉你,况且我们现在还不能证明照片里的男女和秋本常子有关,不能强行向警方提出这样的要求。"

说到这儿,关口做出了决定:"我们还是先和野口绿子见个面,向她打听那些照片里的男女情况。"

于是,两人走出茶室,朝野口绿子住的公寓走去。

见到绿子后,幸子向她出示了那些照片。

绿子不耐烦地说道:"该说的都对警察说了,不要再问我了。"

"我们是律师,不是警察。"

"女律师?"

"是的,我们是秋本常子的辩护律师,正在寻找证明她无罪的证据,请你协助一下。"幸子回答。

由于绿子和幸子都是正常人,所以关口就把询问的事托付给幸子。

绿子有些不屑地吐出一句话来,"你们不要做无用的傻事!"

幸子惊异地看了关口一眼,转过脸问绿子,"你这话是什么意思?"

"什么意思?这案子已经定了,明摆着那个老太婆就是杀人凶手,你们律师再帮忙也是白搭。"

幸子再次看着关口,用手语告知绿子的意思。

关口用手语回答:"就按你的想法问她!"

绿子看着两人用手语交谈的情景,有些生气地嚷道:"你们自己说话都说不清,还问什么?真没劲!"

幸子重新对绿子发问:"你凭什么认为秋本常子就是杀人凶手?"

"这个老太婆就是死要钱,杀害友田夫妇,盗走钱财的事一定是她干的。"

幸子对绿子的态度十分生气,反唇相讥道:"你不也一样要钱吗?不也有犯罪动机吗?待在友田家里,不也知道他家的钱财放在哪里吗?"

绿子没有生气,反而嘻嘻地笑道:"我当然要钱喽,有多少,要多少。"

"有多少,要多少?是谁给你钱呢?"

"谁?当然是社长,友田社长给的嘛。"

"就是那个已经死去的友田社长?"

"是的。"

"那个和你一起合影的男人果然是友田社长?"

"是啊,我对警察就是这么说的。"

"难道那个叫高桥的私家侦探就是拿这张合影照来敲诈你们的？"

"这个我不知道。他敲诈的对象应该是社长，不是我。"

"那么说，是你卷走了友田社长的大量钱财？"

"不要瞎说！我和他有男女关系，只不过拿了一点应得的小钱而已。"

"我想事情不会那么简单。友田社长因为和你有不正当的男女关系，所以一直受到高桥的敲诈，所以他开始讨厌你了，甚至连小钱都不给，还有可能把你赶出他的家。于是，你就杀害了友田夫妇盗走了他们家的钱财。为了转移警察的视线，你还设法嫁罪于秋本常子。我说得没错吧？"幸子的口气越来越严厉。

"不许开这种玩笑！"绿子突然大声地嚷道。

幸子继续质问："难道这些事都是秋本常子干的？"

"当然喽，那个老太婆那么要钱，不是她干的又是谁干的？"

"她儿子是一家超市社长的女婿，她要钱的话向儿子要就是了。"

绿子又嘻嘻地笑了起来，"你不愧是个女律师，尽想着好事。"

"你说什么？"

"我见过她儿子两三回，明显看出她儿子为有这样的聋哑母亲感到很羞愧，这个老太婆又穷又哑，经常受到社长夫妇的责骂。她的儿子不感到丢人吗？"

"我不认为她儿子会感到丢人的。"

"那为什么？"

"她儿子的岳父是个心地善良的老板，很同情聋哑人，准备专门为他们在千叶县的馆山建造一个聋哑老人之家。他也理解亲家的难处，曾打算把她接到家里来往呢。所以你刚才说的话都是错误的。"

"那就奇怪了！"绿子一脸的疑惑。

幸子胸有成竹地笑道："这下你该明白了吧？秋本常子并不需

要钱。"

"那谁是凶手?"

"不会是你吧?"

"老实告诉你,真不是我杀的。如果不是这个老太婆,也有可能是小偷偷窃时被发现后不得已杀了社长夫妇。"

"你说的这种可能性我不清楚。"

"说了半天你还是什么都不知道。"绿子轻蔑地撇了撇嘴。突然,她转过脸来问关口:"你也是聋哑人吧?我说的话听不到吗?"

"不,我明白你说的意思。"关口开口说道。

绿子大惊:"你能听见我说的话?"

关口笑着摇摇头。

"啊,你能看懂我的口形变化。我问你,听不见别人说话是怎样的感觉?"

关口没有回答。人们一旦知道他是个聋哑人,问得最多的就是这个问题。

他感到时间差不多了,拍拍幸子的肩膀,发出了"该回去了!"的信号。

3

关口和幸子一回到律师事务所,就看到正在等候他们回来的小早川京子。

京子用手语问关口:"您找我有什么事吗?"

关口松了一口气,顺便把幸子介绍给京子。

"你是个女律师吗?"京子刚打出手语问幸子,突然觉得对方是个正常人,忍不住笑出声来。

幸子道:"是的,我是个律师。但手语不行,刚在学。"

京子用手语问关口:"你找我做什么?"

"想请你看看这照片里的男女到底是谁。"关口把刚才从警方那儿借来的七张照片摊在办公桌上。

京子一张一张地仔细察看,随口说道:"六张照片都是男女合影,只有这一张拍的是男人。"

关口谈出了自己的感觉:"是啊。只有这张照片拍的是男人。你看,两个人在榻榻米上相对而坐说话。一个是中年男子,另一个皮肤很白,只露出侧脸,大约有三十岁的年纪,那个中年男子在五十岁左右吧?"

京子有些奇怪地问道:"你借来这七张照片有什么用呢?"

"有人就是用这些照片来敲诈的。"

"敲诈?"

"是的。所以我想设法搞清照片里的那些男女的真实身份。"

幸子自信满满地说道:"这事就交给我吧。"

关口有些犹疑:"你有什么线索吗?"

"没什么线索。我有两个大学的同学在报社工作,给他们看这些照片,也许会有收获。如果照片里的人物与事件有关,他们会有印象的。"

"那好,把照片多复印几份给他们看吧。你要注意保密,不能披露我们调查照片的事。"关口谨慎地叮嘱道。

幸子点了点头,把照片复印后,带着照片出去了。

没过多久,事务所的传真机收到了一份传真。

关口拿起传真看了一眼,脸色顿时变了。

传真上这样写着:秋本常子企图自杀,速来。东京拘留所所长北野真一郎。

"请和我一起去吧。"关口对京子催促道。

他写了一张留给幸子的字条放在办公桌上,然后匆匆地带着京子乘上出租车赶赴东京拘留所。

秋本常子已经被起诉,两周后法庭将审理此案。

为了证实秋本常子是无辜的,关口带着助手幸子到处寻找有关的证据,万没想到她竟然在审案之前企图自杀。

关口坐在出租车里心急如焚,实在不明白秋本常子现在为什么要自杀,对她的自暴自弃行为也感到很生气。

他们刚到拘留所,看到十津川警长已经到了。

先期到达的十津川通过京子的手语翻译,对关口说道:"现在不能和秋本常子见面了。由于她自杀未遂,情况严重。拘留所准备送她到警察医院抢救。"

"你们警察对她太凶才造成她企图自杀的吧?"关口严厉地责问道。

十津川摇摇头,"她已经离开了我们的管制,再说我们从来没有对她逼供过。她在审讯中一直不做反应,既不为自己辩解,也没否认自己是杀人凶手。老实说,她的反应已无关紧要,因为我们掌握的证据非常充分,所以就报送检察院。听到她企图自杀的消息后我也大吃一惊。"

关口感到十津川说得很诚恳,好像没有说谎。但是秋本常子为什么偏偏在这种时候要自杀呢?实在是个谜。

关口和京子目送着救护车载着秋本常子驶向位于饭田桥的警察医院。他们立刻乘出租车赶过去。十津川也随即驾驶着警用吉普一同前往。

他们到达医院后,总算慢慢地搞清了秋本常子企图自杀的经过。她把自己的衣服撕成布条,搓成绳条后上吊自杀。当看守发现时,心肺功能均已停止。在医生的急救下,现在心肺功能开始重新启动,但是还没有恢复意识。

医院方立刻把秋本常子送入重症监护室。关口和京子一直待在等候室里等待抢救的结果。没过多久,秋本常子的儿子神田浩脸色煞白地赶到医院,进了重症监护室探望母亲之后,又返回等候室对俩人说道:"妈妈还没有恢复意识,虽然眼睛已睁开,但是没有视觉。"

"你母亲为什么要自杀呢?有什么线索吗?"关口焦急地问道。

神田浩微微地摇了摇头,"我一点都不知道。先前曾安慰过妈妈,说在法庭审理案子也不可怕,有关口先生这样的优秀律师,尽管放心好了。但是妈妈还是想自杀,具体原因真的不知道。"

关口叹息道:"我也想不通。先前还是好好的,向我谈了她的种种想法。"

他一边说,一边暗忖:如果进入法庭审理阶段,秋本常子想必会说出真相吧?友田夫妇被害的那天夜晚究竟发生了什么事呢?也许秋本常子知道其中的隐秘。她是个聋哑人,听不到外界的声音,但她有眼睛,说不定会看到些什么。现在,秋本常子只是个犯罪嫌疑人,她为什么不为自己申辩呢?也许她的儿子神田浩和此案有关,难道是为了保护自己的儿子才决定保持沉默吗?也许自逮捕的那天起,她就极不信任警察,故意对他们的审讯不理不睬的吧?

京子用手语问关口:"秋本常子虽然恨警察,但对自己的辩护律师还是很配合的,不是对你讲了很多事吗?"

关口颇有同感,"她确实对我讲了不少事,你在旁边应该都知道的。"

京子若有所思地说道:"她说了不少家事,但对案件的事却一字不提。"

"的确如此,看来她除了不相信警察,也许对整个社会都不相信。"

关口也是个聋哑人,一直认为自己能理解秋本常子的心情,现在想想过于自信了。其实,聋哑人中也有受惠者和苦难者之分,他们之间存在隔阂是很自然的。"糟糕!"关口想到此,心情异常沉重,他第一次有了这样深刻的反省。

京子见此情景,轻轻地拍拍关口的肩膀,用手语问道:"您怎么啦?"

关口慌忙摆摆手,"没什么,我只是担心秋本常子的身体状况。"

京子冷静地说道:"您不要多想了,现在除了拜托医生没有其他的办法。"

关口生气地回答:"怎么可以说这种风凉话,我和你是不一样的。"

京子深感委屈,"我的父母都是聋哑人,她的事和我也有关系。"

关口觉得刚才确实言重了,赶紧表示了歉意,"对不起。秋本常子的自杀使我乱了方寸,无法进行冷静的思考,刚才无意中伤了你的心,是我不好。"

京子的脸色有所缓和,进而又提出了自己的看法:"这次秋本常子企图自杀会不会留下遗书? 当一个人准备赴死的时候,应该会写点什么留下来吧? 如果她对警察的做法不满,我想会写下抗议遗书之类的东西。"

关口摇摇头,"我已经问过了,拘留所的看守说她没有留下遗书。"

到了深夜,秋本常子的身体状况依然没有变化,完全没有一点意识。

第二天早晨,医生对留在等候室里的所有人说明了她的身体状况。除了关口和京子,当时在场的有神田浩,还有十津川和龟井。

医生说:"现在没有办法,只能等待慢慢康复。她的头脑还处于缺氧状态,即使身体康复了也有可能脑功能没有恢复。"

十津川问:"脑功能没有恢复,具体是指怎样的状态?"

医生冷静地回答:"人的头脑具备各种各样的功能,其中最重要的是记忆中枢。我以前抢救过那些自缢未遂的病人,发现他的记忆功能完全丧失,连自己的名字和家人的情况都想不起来。当然,也没有自己过去的记忆。"

关口通过京子的翻译急切地问医生:"秋本常子现在就是这样的状况吗?"

"这种可能性极大,估计她的记忆中枢功能已经完全丧失了。"

"你的意思是,她即使恢复了意识也失去了记忆功能,是吗?"

"你们要有这种思想准备,把她救活已经是个奇迹了。"

龟井忍不住插嘴道:"难道她就成了植物人吗?"

医生回答:"我想她能恢复意识,所以和植物人是有区别的。对她的家人来说,看到这样的状态或许比看到一个植物人更难受。"

"为什么这样说呢?"关口疑惑地问道。

"失去记忆的程度是有差别的,不能一概而论。但是如果连家人的名字和面容都记不得了,对她家人无疑是最痛苦的事了。"

龟井又问:"秋本常子以杀人和盗窃钱财的嫌疑被捕的,难道她连自己犯什么罪都想不起来吗?"

医生回答:"病人最多的症状是丧失最近的记忆。这种可能性是存在的。"

4

秋本常子虽然渐渐地恢复了意识,但她的眼光似乎失去了焦点,连儿子神田浩和律师关口的脸都认不出来。

关口对躺在床上的常子一筹莫展,神田浩也束手无策。

神田浩问医生:"我妈妈通过治疗能逐步恢复记忆吗?"

医生回答:"现在还很难说,有可能一直保持植物人状态,也有可能慢慢地恢复一点记忆,不管怎么说,她不可能完全恢复到原来的状态了。"

神田浩焦灼地恳求道:"医生,请您务必设法治好我妈妈的病,她太可怜了。"

医生的语气很冷静,"你的心情我能理解,但不要期望过高。况且患者的身体状况如何是治好病的先决条件。"

承办此案的山本检察官闻讯后也赶到了医院,不但向医生询问了秋本常子的病情,还到病房亲自察看了她的反应。

接着,通过京子的翻译,山本和关口就法庭审案的事宜进行了商谈。

关口提出了他的意见:"现在这样的状态是无法进行法庭审案的,除了延期开庭别无办法。"

山本同意关口的观点,决定向法院提出延期审判的申请。

不过,在判断秋本常子企图自杀的理由上,检察官和辩护律师的立场是完全不同的。山本觉得秋本常子是杀害友田夫妇的罪犯,是出于被起诉的绝望才企图自杀的。而关口认为无辜的秋本常子是个聋哑人,她听不见外界的声音,也无法为自己辩护,加之警方和检察院都对她很冷酷,所以才企图自杀以示抗议的。

山本问:"对于这件事,我们该怎么对媒体说呢?"

关口目光锐利地看着山本,"请不要采用回避现实的发表方式,不要让媒体借机炒作,编出离奇的故事,拜托了。"

山本叹了一口气,"我们当然不会这样做,罪犯企图自杀,在社会上总会博得一点同情的,甚至还会认为是警方和检察院冷酷对待的结果。"

关口苦笑道:"检察官先生多虑了。秋本常子并没有苛求什么,只要能公正地对待她,就不会企图自杀了。"

山本睨视着关口,"难道警方和我们都没有平等公正地对待秋本常子吗?"

关口理直气壮地回答:"除此之外,我无法想象还有其他理由。"

"这样就没法说了,我们为查明案情的真相尽了全力。"山本不满地说道。

这时,医院的入口处传来了嘈杂声,一个检察官赶来对山本耳语了几句。

"对不起!"山本对关口打了一声招呼,就和那个检察官匆匆地离开了。

京子惊诧地目送着两人的背影,不解地问关口:"他们怎么走了?"

"大概是那些媒体记者已经闻讯赶来,所以他才急着去面见记者,发表对己方有利的言论吧。"

"不可以这样做的。"京子气愤地说道。

关口果断地吩咐道:"是啊,为了不让他们歪曲事实真相,我们还得继续战斗,你也得不断努力才行。这样吧,你马上去请那些媒体记者到这儿来。"

十二三分钟后,不少记者赶到了等候室,把关口团团围住了。

"听说秋本常子自杀未遂,我们想听听你的看法。"

"山本检察官认为秋本常子是因为受到法律追诉无法遁逃才企图自杀的,你作为辩护律师有什么反对的意见?"

"秋本常子是怎么说的?她承认自己是杀害友田夫妇的凶手吗?"

"秋本常子自杀未遂,你作为她的辩护律师也有责任吗?"

那些尖锐的问题如乱箭般地射来。

关口看着那些记者开合的嘴形能大致读出他们的意思,但对一些含有玄机的话语则一概不知,碰到这些问题时京子拼命地打着手语告诉关口,这样一来一去颇费时间,使得在场的记者都焦急起来。

其中一人对京子大声吼道:"赶快回答,我们等不及了!"

"请稍等,我也在拼命努力啊!"京子不由自主地怒声回答,那尖利的声音使得那些刚才还怒气冲冲的记者大吃一惊,瞬间静默下来。

关口看着京子,感到这个姑娘确实很刚烈。于是,他通过京子的翻译,对记者们说道:"我为了正确地表达自己的意见,也许要讲得慢一点,请各位原谅。先回答第一个问题。山本检察官的话只能认为他是站在检察院的立场上说的。他觉得拘押在拘留所的被告企图自杀,责任完全在她本人。我作为被告的被辩护律师,并不认为秋本常子是罪犯。她的自杀行为是对警方和检察院的一种抗议。"

一个记者问:"你是说,被告在拘留所里受到了不公正的待遇?"

关口肯定地回答:"是的。"

另一个记者问:"你能否讲得具体点,比如,她在警察审讯时是否受到殴打?是否在拘留所里受到非人道的待遇?"

"不管怎么说,警方和警察方是无法理解一个聋哑人的痛苦的。"

"可是,我听说不论警方还是检察院在审讯时都特意请了手语翻译,是被告不配合……"

"刑警和检察官都是正常人。"

"这话没错,但他们不是请了手语翻译吗?"

"我想说的是,因为他们是正常人,所以不明白聋哑被告的立场。"

"你这样说就没道理。比如,因为不是美国人,就指责他不理解美国人的心情,这种说法不能成立吧?"

关口苦笑道:"你举的例子不恰当,即使不是美国人不也可以努力地理解美国人的心情吗?我学过美国的历史,也经办过美国人的案子。"

那个记者依然不服气,"难道警方和检察院都没做过这样的努力吗?"

"很遗憾,确实是这样的。我对这类事也司空见惯了。他们才不管被告的感受呢。所以秋本常子因此而绝望厌世,用自杀的行为对他们表示抗议。"

"我明白了你的观点。"一个记者点了点头就率先回去了。

京子对关口说道:"记者们还有个问题请你回答。"

"什么问题?"

"如果秋本常子是无辜的,那么你认为谁是真正的罪犯呢?"

"这个我也不清楚,只是要求警方和检察院重新对此案进行调查。"

"你作为律师,能提出重新调查的要求吗?"记者们再次确认道。

关口警觉地闭口不言,没有对京子做出任何表示。

第二天,关口在律师事务所里打开晨报览阅。果然不出所料,晨报上刊登了有关此案的消息。对于山本检察官的谈话列出了这样的标题:"被告因受到法律起诉而自杀未遂"、"罪犯慑于犯罪而自杀未遂"。对于关口律师的谈话只是简单地总结性地列出一条标题:"为了抗议而自杀未遂。"

关口合上晨报放在办公桌上。这时,京子突然走进事务所。

关口问:"有什么事吗?"

京子回答:"请您雇佣我从今天开始在律师事务所里工作吧。"

"你不是在福祉事务所干得好好的吗?"

"我觉得太困难,没法干了。"

"为什么?"

"我先为警方当过手语翻译,由于同情秋本常子的遭遇,不知不觉地站在了您的立场上。所以受到了所里的批评,他们认为我应该以公平公正为己任。"

"原来如此!你的立场让福祉事务所很为难,对吗?"

京子遗憾地回答:"所长要我改变工作态度,我无法做到,无法欺骗自己的良心。但是一直持有这种偏袒的意识,确实无法在公共机关干下去了。"

关口爽快地回答:"那就到我的事务所干吧,只是付不出高额的薪酬。"

第五章

1

关口对京子吩咐道:"你现在就开始工作了,先陪我去一个地方。"

"去哪儿?"

"饭田桥的警察医院。"

"您想去见秋本常子?"

"不是,是去那儿了解情况。我痛感日本的警察和检察官没有信用。虽然其中也有优秀的人才,但他们进入组织后就开始思想僵化,成了一丘之貉。"

"一丘之貉?您说的是什么意思?"京子有些不解地问道。她知道这是一句古老的成语,但时常错会其意。

关口笑道:"就是人人十分相似,不分彼此。"

京子又问:"您带我去了解情况,难道认为秋本常子不宜待在这家医院吗?"

"是的。我知道中野医院是一家很著名的私立神经专科医院,院长不仅很有诚信,而且医术高超,在这个领域首屈一指。若能把秋本常子转到那家医院去,肯定能得到很好的治疗,神田浩君也希望把母亲转到那家医院。"

"警方能同意吗?"

"我们这就去和他们交涉,尽快把秋本常子转到好的医院接受治疗。"

于是,两人乘出租车去了饭田桥的警察医院。

由于事先已经联络好了,所以他们到达时,山本检察官也到了医院。

在医院的接待室里,关口通过京子的翻译和山本检察官进行了交谈。

关口说道:"我认识的酒井医生是日本著名的神经科专家,所以想请他治疗秋本常子,这样既能帮助她恢复记忆,还能使她在法庭上做出确实的证言。"

山本并不同意,"她的病在这家医院也能治疗。我是检察官,当然希望她在法庭上能够做证,一定会想尽办法治好她的病。"

"我不认为还有比酒井医生更优秀的医生。而且我觉得现在的秋本常子不是被告,只是一个病人。她的家人不也要求把她送到最好的医院去治疗吗?"

山本皱起眉头,"秋本常子和以前一样,还是个被告。"

"不,你说得不对。现在还没有开始法庭的审判,法官也没有定罪,审判的时日不也没决定吗?"

"可我已经办理了起诉的手续。"

"不,正确地说,应该是起诉的手续还在办理之中。秋本常子还纯粹是个犯罪嫌疑人而已。她现在正生着病,头等大事就是给予她最好的治疗。这不论从法律上、人道上都说得过去,应该把她送到病人家属要求去的医院。"

山本别有深意地发问:"既然如此,怎么没见到她家人的影子呢?"

京子立刻打断了他的话,"我已经给她儿子夫妇打过电话了,说马上就赶到医院来,一会儿就能见到他们了。"

果然,三十分钟后,神田赶到了医院,对关口表示了歉意:"我内人也想来这儿,只是孩子小,实在走不开。"

关口大度地回答:"你一个人来就行了。我现在正和山本检察官交涉,希望他能同意把你母亲从这个医院转到我熟悉的脑神经专科医院去。你是她的儿子,希望能当场表个态。"

"那当然。"

关口又道:"那家医院的院长是治疗这种病的权威,而这儿是警察医院,是警察机构的一部分。你母亲既然是为了抗议警方和检察院的不当做法而企图自杀,那她待在这儿是治不好病的。"

神田浩听了连连点头称是,"我也认为妈妈是为了抗议才企图自杀的,所以不能把她留在警察医院,必须转到我们家人信任的医院去治疗。"

关口见火候已到,进一步对山本施加了压力,"山本君,秋本常子的家人已经表明态度了。如果你不同意,我将就此事向法院起诉你,那些媒体也会发出'检察官妨碍被告治疗'的新闻。"

2

十津川待在搜查本部里。

侦办友田夫妇的凶杀案已告一段落,秋本常子被移送到检察院。他们又开始进行新发生的私家侦探高桥凶杀案的搜查。

十津川主动接受了这个案件,他觉得高桥的被杀似乎和友田夫妇的凶杀案有着某种内在的联系。

当然,十津川和他的上司三上刑事部长并没有正式承认两者的关系，唯恐招致不必要的麻烦，所以决定把两案中的罪犯分别加以考虑。由于友田夫妇凶杀案中的犯罪嫌疑人是女佣秋本常子，且已移送检察院，那么高桥凶杀案的凶犯必然另有其人。

搜查本部的黑板上，并排用大头针钉着那七张照片。

这是在高桥侦探事务所里找到的照片。在关口律师事务所的女律师崛田幸子的强烈要求下，带走了照片的复制品。

龟井仔细地看着七张照片，问道："这些照片都是高桥敲诈的对象吗？"

十津川回答："高桥把那些照片钉在事务所的黑板上，看来是个善于敲诈的老手。他一旦抓住了对象的把柄，也不通知委托方，直接实施敲诈。"

"难道他在委托调查中，对所有对象都实施敲诈吗？"

"我想并不完全是这样的，如果对象没有钱，即使敲诈也没用。所以这七张照片里的男女应该都是有钱人。"

"原来是这样啊。"

"那张友田和绿子的合影照就不需要再看了，因为友田死了，已做另案处理。"十津川说着从黑板上取下了那张照片。

龟井看着六张照片继续说道："要是能知道照片里的人物姓名就好了。"

十津川道："我估计高桥一定会在笔记本上有所记录的，除了对象的姓名，还应该包括住址、电话号码，只是没有找到那个笔记本。"

"难道被凶手拿走了？"

"应该没有。"

"为什么这么说呢？"

"如果是凶手拿走的话，他更应该把那些照片也拿走。和笔记本相比，那些照片更重要。他只拿走笔记本而留下照片是不可思议的。"

"你认为那本笔记本会藏在事务所的什么地方吗？"

"从照片背后的编号来看,应该有与此对应的记录。"

"不过,照片的编号很零乱,不是连在一起的。"

"那些编号中间抽去的照片估计都是没有钱的人,不是他敲诈的对象。只有这七张照片才是他猎取的目标。他们都有钱,也许被高桥多次敲诈过。"

"这就是高桥横死的祸根吗?"

"也许吧。除了被害的友田,高桥有可能被照片里的其他人夺走了性命。"

龟井稍思了片刻,又问:"你觉得那个笔记本会藏在什么地方呢?我们对高桥的事务所和住宅都进行了彻底的搜查,没有发现那个笔记本。"

十津川没有接他的话茬,突然发问:"高桥的事务所和住宅都是租的吧?"

"是的。事务所的月租金是十五万日元,住宅的月租金是十二万日元。"

"两处的月租金加起来是二十七万日元吗?"

"好像也不便宜。不过,高桥是敲诈的老手,从他被人凶杀的情况来看,一定进行了贪得无厌的敲诈。每人的敲诈金额都在一百万日元左右吧?但是,他的事务所和住宅的面积都很狭小,这是为什么呢?"

"也许他喜欢存钱吧。"

"我没见过这样的男人。"

"难道,是因为……女人的缘故吗?"

"高桥现在是单身?"

"准确地说,他离婚了。听说和前妻有一个孩子,要不要去调查一下?"

"不用了。如果他是单身的话,找一个新的女朋友也是很正常的。"

"唔,你说的不错。"

十津川总结似的说道:"一定是个年轻漂亮的女人,而且很贪财。"

龟井的两眼倏地一亮,"那个笔记本会藏在那个女人的住处吗?"

"除此之外没有其他地方了,你赶快去调查高桥有没有新交的女人。"

以龟井为首的七名刑警对高桥身边的人际关系进行了周密的调查,很快就获悉了那个女人的名字。尽管高桥试图保密,但他为了炫耀对亲友说漏了嘴。

那个女人名叫望月广子,二十五岁,曾是银座"枫"夜总会的女招待。她现在已经独立创业,也在银座开了一家以自己名字命名的"广子"夜总会。

晚上,十津川带着龟井一起去了那家夜总会。

夜总会在一幢杂居大楼的地下室里,规模不大,女招待却个个是美女。

广子是个大眼睛的高个子美女。十津川向她出示了警察的证件,"我想打听一下高桥的事。"

广子慌忙摇摇手,"他的事我一点都不知道。"

龟井一听就火了,"你不是得到过他很多资助吗?"

"这是他自己心甘情愿的,我又没向他借过钱。"广子绷着脸说道。

十津川笑道:"我们对这些问题不感兴趣。"

"那你们找我做什么?"

"他有没有把一个笔记本放你这儿?如果有的话,请让我们看看好吗?"

广子一口否认,"我这儿没有什么笔记本。"

龟井没好气地威胁道:"你说没有就算啦?告诉你,高桥顺一多半是为了这个笔记本才被杀的。如果你有的话,下一个就会轮到你了。"

"……"

十津川看着广子的脸色变化,别具深意地问道:"你有什么线索吗?"

广子默默地走进内房,拿出一个黑色皮面的笔记本放在两人面前,"这是他放在我这儿的。快拿走吧,我可不想惹事。"

十津川笑了笑,"好,就暂时交给我们吧。"

十津川一回到搜查本部,就快速地翻阅起那个笔记本。

笔记本开头的内容采用日记的方式记载,每段记录都注明日期。其中就有"开始调查 K 的品行""跟踪 N·E"的记录。

日记的页面之后便是记事的页面。十津川在那部分看到了要找的内容,发现了符合那七张照片的记述。友田和野口绿子亲密合影照的背面写着"5"的编号。在记事部分果然找到了与之对应的编号"5",上面写着友田和野口绿子的姓名、住所、电话号码等内容。

接着,十津川又按另外六张照片背后的编号在记事上寻找对应的编号,尽管那些编号是跳跃式的互不连贯,但也很快按图索骥地找到了。十津川按其顺序摘录下来:(2)X 伊东哲夫(48岁)伊东建设副社长　林友子(27岁)秘书

(7)X 浅川正(50岁)日本画家　宫原洋子(19岁)大学生

(9)X 田村茂(49岁)M 银行新岸支行长　久保贵代(36岁)久保守夫人

(11)X 金田建一郎(65岁)大楼出租者　尾崎波子(25岁)模特

(19)X 石原克(46岁)T 大学助教　冈部宏子(28岁)冈部正夫人

(25) X 津村幸雄(54岁)自治厅地方整备局长 X 神谷猛(36岁)神谷不动产社长

从记录上看,凡是在编号后面打上"X"记号的就是高桥敲诈的对象。

在友田和野口绿子的编号上,友田的前面也打上了"X"记号。十津川同时也抄录了各张照片人物的住所和电话号码。

龟井看了大吃一惊,"偷腥的猫还真不少哪。"

十津川笑道:"一定是那些男人的老婆觉得丈夫的行为有异,特意聘请私立侦探高桥去暗中调查的。"

龟井问:"他在调查中发现了女性第三者,为何不及时向委托人报告呢?"

十津川回答:"是否及时报告,看来取决于佣金的多少。如果能从男方敲诈到大量的金钱,他当然会选择后者。"

"最后那张照片是两个男人的合影,他们的情况或许有所不同。"

"唔,也许吧。那个年轻的神谷名字前面有个'X'记号,情况确实不一样。"

"难道那个神谷很有钱吗?"

"有这个可能,现在只能这么理解。"

"我们先对这六张照片的人员进行调查,也许会从中找出杀人凶手。"

"要注意,在没发现之前必须慎重行事。"十津川郑重地叮嘱道。

4

关口律师试图把秋本常子从警察医院转到其他医院,但是始终没有成功。

负责此案的山本检察官强烈反对转院的做法,"没有这样的先例!"

"那我们希望创造这样的先例!"关口也毫不示弱。

"警方和检察院的立场都是一样的,对于到手的嫌疑人和被告绝不会轻易放纵的。"关口有些气馁地告诉神田浩。

"我来试试看。"神田浩显得很有自信。

关口惊讶地发问:"你能行吗?"

神田耸耸肩:"我自己没有这么大的本事,但岳父在政界和官界有广泛的人脉,只要拜托他老人家出手,岂不是力量倍增了吗?"

关口终于相信了,"有道理。你的岳父确实是个充分理解聋哑老人痛苦的善人,他也许肯为这事出大力的。"

两天以后,山本检察官突然来电话说他同意把秋本常子转入关口熟悉的酒井医院治疗。他的转变事出有因,是小泉检察长亲自下达了同意转院的指示。

关口终于松了一口气。

酒井医院位于一片杂树林中,从中野车站乘车只需三十分钟就能到达。

医院虽然有些陈旧,但是它的脑外科和神经科却非常有名。为了接待秋本常子,医院特意腾出了病房。

关口带人用卧铺车把秋本常子转到了这家医院,酒井院长亲自迎接了秋本常子,把她安排在三楼的病房。

酒井通过京子对关口说道:"现在有一个问题。"

"什么问题?"

"和你说话只要通过笔谈或者口形法就行,而秋本常子就不行了吧?"

"是的,她只懂手语。"

"可是我不会手语呀,必须得有个手语翻译。这种病很复杂,我们当医生的要时常和患者沟通。"

"手语翻译？"

"是啊，我们医院的医生和护士没有一个人会手语。"

关口看着京子，眼神中流露出"你看如何"的意思。

京子犹豫了。她知道关口现在很忙，很想帮他一把，但又觉得在秋本常子身边当手语翻译也不错，能对医生治疗她的病情发挥很大的作用。

关口似乎察觉到京子犹豫的心思，大度地说道："你就暂时留在医院，帮助医生治疗秋本常子的病吧，我确实也需要你，但现在最重要的是治好她的病。"

于是，京子决定自即日起留在医院工作。

"您没有问题吧？"京子似乎有些不安。

关口笑道："过去没有你我也能工作，再说崛田幸子也会简单的手语。"

关口离开后，医生们在酒井医生的指导下，首先对她的头部做了CT扫描。接着，酒井医生拿着CT扫描的片子对京子和神田浩做了讲解。

"她的脑部确实受到了轻微的伤害，但不是记忆功能完全丧失的伤害。"

神田浩忍不住说道："可是警察医院说……"

酒井笑了笑，"我不这样看，觉得多半是心理因素造成的。"

神田浩惊异地问道："您为什么这么说呢？"

"我已经问过关口律师了。秋本常子一开始就没有提及案件的事，对吧？"

神田浩叹了一口气，"是的。我坚信妈妈是无辜的，曾经设法问她那天发生的事，但她什么都没说。"

酒井问京子："她对你也是这样的吗？"

"是的。关口律师曾经耐心地启发她,效果也不很好。虽然谈了许多过去的家事,但一提到案情,就完全没有反应了。"

酒井点点头,"这就对了。她把这部分的情况视作禁区,完全把自己禁锢住了。自杀未遂之后,这种情况也许会更严重。"

神田浩小心翼翼地问道:"她的脑部功能没有大问题吧?"

酒井回答:"你们看看 CT 扫描的片子吧。她的头脑里确实有一小块白色的部分,那是她上吊时脑子缺氧造成的,也就是说,这一部分脑组织已经死亡。不过,这是极小一部分,而且不是记忆部分,是掌控运动神经的地方。"

神田浩感到不解,"您这话是什么意思?"

"也许她的动作比以前迟钝,但和记忆功能没有关系。"

神田浩又提出了新的疑问:"警察医院的结论不是这样的。他们说由于上吊时脑部缺氧,所以造成了记忆力的完全丧失。"

酒井很有把握地回答:"当绳索压迫喉部造成脑部缺氧时,一般的症状就是记忆力的丧失。最近,发生了一起著名演员的自杀未遂事件,由于上吊的原因造成了记忆力的丧失,媒体对此做了广泛的报道,在社会上很有影响。也许警察医院的医生想起了这件事,所以做出这样的判断。"

"难道我妈妈的情况不一样吗?"

"她只是运动神经受到损伤,没有丧失记忆功能,应该影响不大。"

神田还是不敢相信,"既然如此,妈妈为什么不说话呢?她能看懂笔谈,也会简单的手语,可她就是不说话。"

"我刚才说了,通过这次的未遂自杀,她更进一步把自己的想法紧闭在内心,不管怎么问都不回答,所以被警察医院的医生误诊为记忆功能丧失了。"

"难道她对任何人都不相信吗?"

"也许是这样的,她现在把自己完全封闭起来,什么都不说。"

神田浩感到十分沮丧,"我可是她的独生儿子呀,为什么对我也这样呢?妈妈的心里到底藏着什么秘密?真搞不懂。"

京子问:"如果患者是心因性的记忆力丧失,我们该怎么和她对话呢?"

酒井默默地想了一会儿,明确地回答:"要有爱心。"

"爱心?"

"对,现在患者不相信你们,必然对任何提问保持沉默。如何使她相信你们是关键。你们应该不断地和她说话,笔谈和手语都可以,但要有一颗爱心。"

"我们说些什么好呢?"

"神田浩君不是有和母亲一起生活的回忆吗?你就和她谈儿时的回忆,大事小事都可以,特别要多讲些让她感到快乐的事。这样一来,也许会慢慢地打开她作为母亲的心扉。我和护士会在医学层面上帮助你的。"

"刚开始说什么可以吗?"

"说什么都没关系,随意聊天就可以。"

酒井说着,还特意指派了一名具有十二年护理经验的老护士负责看护秋本常子。那名护士身材娇小,名叫井上明子。

酒井介绍道:"明子今年四十五岁,有一个孩子。那个孩子的情况我也清楚,小时候曾患过自闭症,对母亲一句话都不说。"

接着,他问明子:"这样的情况持续了多久?"

"一年零三个月。"

"时间也很长哪。"

"是啊,那时候真急人,我好几次想和儿子一起去死了算了。"

"不过,你孩子不但治好了病,现在已经大学毕业了,对吗?"

"是的,他开始工作了。"明子满面笑容地回答。

酒井对神田浩和京子很有自信地说道："我这个护士不简单,是个善于打开患者心扉的高手,对你们一定会有帮助的。"

神田浩问："我们先开始做什么好呢?"

酒井回答："患者现在已经睡着了,你就站在她的身边,紧紧地握住她的手。"

5

关口回到自己的律师事务所。

幸子对着摊在办公桌上的七张照片认真地思考着。

关口用手语问道："你看懂什么了吗?"

幸子道："那些照片根本上不了台面,纯粹是偷情照片。"

"你注意到第七张的两个男人的合影吗?"

"看到了。"

"这些照片全部是高桥用于敲诈的材料。"

"我也有同感,高桥确实是个道德败坏的私家侦探。"

"你有没有从中发现可能杀害高桥的犯罪嫌疑人?"

"现在还不好说,但我觉得第七张照片和其他六张照片都不一样。"

"都不一样?"

"是的,因为那些偷情照只不过被高桥用于敲诈而已。很难想象偷情之人会去杀害高桥,他们会觉得即使私情暴露了也没什么大不了的。如果高桥反复用这种照片敲诈,说不定还会去报警。在我们日本,偷情算不上什么大罪。"

"所以你就注意到第七张的照片了?"

"是的。如果有杀人嫌疑的话,那张两个男子的照片最有可能。"

"但是我们不知道那两个男子究竟是谁,再努力也是白搭,不是吗?"

"是啊。"

"如果去问警察,他们未必肯告诉我们吧?"

"我刚才已经打电话问过了,他们回答说不知道。"

"你有没有想过调查他们的方法?"

"我注意到了两个男子相对而坐的房间。里面铺着榻榻米,好像是个日式酒馆,由于四周的栏杆上都有精美的雕饰,估计是一家高级酒馆。如果设法找到那家酒馆,或许能查明那两个男子的身份。"

"我们能找到吗?"

"试试看吧。"幸子从办公桌的抽屉里拿出放大镜,对着那张照片仔细察看,一边看,一边自语道:"隔扇上画着很有特色的水墨画,还写着很大的字。哦,是用变体的假名写的。唔,落款的署名也很大,好像写着'桃雪'两个字。"

幸子突然想到了什么,抬头看着关口表示了歉意:"对不起,我忘记先生听不到我说话的。"

"没关系,有什么新的发现吗?"

"我发现那隔扇上的水墨画的画家名字叫桃雪。"

"哦,那艺术家年鉴上应该有他的名字。只要找到他就明白了。"

幸子从背后的书架上取下一本很厚的年鉴,翻到画家的页面。

"果然找到了。"幸子高兴地说着,把相关的信息记在本子上。

年鉴上这么写着:桃雪,本名田琦雪子。 五十岁,画家。第二十四 M 展 作品入选。第七四 TK 展 作品入选。第二十一 M 展作品特选。现为 M 展的审查员。家庭住址 东京都世田谷区松原。

"我现在就去找她。"幸子说着马上要走。

"你一个人去能行吗?"关口有些不放心。

"没问题,有什么事我会发传真和您联系。"幸子说完就离开了事务所。

这时,已过了晚上六点,天色开始逐渐暗下来。

幸子乘电车来到了世田谷的松原。

那儿是田琦雪子的家。这个艺名叫桃雪的女画家住所充满着日本的风情,家的四周围着竹篱笆,显得非常静谧,她和一个二十岁左右的女弟子在这儿生活。

幸子向雪子出示了自己的名片,大致介绍了案情的经纬。雪子听了似乎不太感兴趣,只是淡淡地发问:"你要我协助什么呢?"

幸子拿出那张照片给雪子看,问道:"隔扇上的字画是先生的作品吗?"

雪子目不转睛地看着照片,突然扑哧一笑,"哦,那是我两年前的作品,是赤坂的一家名叫菊乃的高级日式餐馆的老板拜托我画的。当时那家餐馆刚经过改造,隔扇也是全新的,所以特意请我在上面写字作画。"

幸子礼貌地问道:"您有那家餐馆的具体地址吗?"

"请等一下。"雪子说着叫女弟子拿来了那家餐馆老板的名片。

幸子看了看名片,上面清楚地写着老板的名字叫长谷部勇,还写着餐馆的地址和电话。她在笔记本上记下了名片的内容。为了谨慎起见,又特意问雪子:"您认识照片里的两个男子吗?"

雪子摇摇头,"不认识。"

幸子高兴地离开了雪子的住所,没想到调查会如此顺利,又觉得关键在于接下去的调查工作。那些高级日本餐馆的服务人员一定口风很紧,想必不会轻易地说出客人的名字。

幸子毕竟年轻气盛,一鼓作气地来到了赤坂。赤坂是繁华的闹市,高级的日本餐馆鳞次栉比。一到晚上,满街都是政界、财界名人的车马。

幸子找到了"菊乃"餐馆,利用律师的身份,和老板长谷部见了面。

长谷部虽然很客气,但一听到幸子要打听客人的名字,立刻婉拒道:"关于客人的私事,恕不奉告。我们的工作不仅是向客人提供美味的餐食,还要让客人感到舒适。如果随意地对外界公开客人的隐私,客人一定会感到不安,再也不会光顾弊店了。你们律师的工作不也是这样吗?"

幸子再三请他帮忙,长谷部就是不肯松口。

无奈之下,幸子只得回到事务所,向关口汇报了调查的情况。

关口高兴地拍了拍幸子的肩膀,鼓励道:"你干得不错,没能打听到那两个人的名字也不怪你,主要是你太年轻,还不习惯和那种人打交道。"

"那我该怎么办呢?"幸子焦急地问道。

关口笑了,"你也不要太心急。"

"我觉得这样干不是挺好的吗?"幸子依然固执己见。

关口道:"现在的日本,光靠工作热情办事是不行的。除此之外还要有关系和金钱,这就是现实。就说秋本常子转院的事吧,我对检察官好说歹说都不行,而神田浩的岳父和地方检察院的上层有关系,他一出面,不就摆平了吗?"

"可是我一没关系二没金钱,那可怎么办呀?"幸子一脸的无奈。

"关系嘛,我会提供给你的。"关口笑嘻嘻地回答。

"难道先生也有关系?"

"我长期担任律师,自然就有几个关系了。"关口从自己的办公桌抽屉里拿出名片夹一页页地翻看,很快从中抽出一张名片交给幸子。

名片上印着这样一行字:中央情报社社长　尾藤广志

关口悠闲地盼咐道:"你明天就去见那个人,他应该会帮你出力的。"

"他是个怎样的人?"

"他的中央情报社只不过是业界的一张报纸,主要是暗中出售业界的秘密情报。他把收集到的各种八卦新闻登在自己的报上,每周出一期。"

"这样的报纸会有人买吗?"

"当然会有人买。特别是那些躲在幕后的政财界的大佬们还会定期派人来买。当然,他们并不是单纯地看报,而是怕报纸故意泄露那些秘闻来敲诈封口费。"

"他和先生是什么关系?"

"他因敲诈罪被警察逮捕过。我和他是同乡,所以就接受了为他辩护的请求,最后被无罪释放了。他对我千恩万谢,说如果我碰到什么事,一定会出来相助的。其实,我并没有什么事去找他……"

"他会告诉我照片里的两个男子的名字吗?"

"他的报上专门有个'赤坂趣事'的专栏,经常刊登那些在赤坂的高级餐馆、夜总会出没的名人逸事。我虽然不能确定他是否认识那两个人,但他掌握着特殊的情报网络,神通广大,无所不能。"

第二天,幸子拿着关口的名片,特意去新桥拜访了中央情报社。

那家报社规模很小,社长以下只有四个工作人员。

社长尾藤是个胖胖的男子,幸子和他见面后,立刻拿出关口的名片。

"关口先生近来好吗?"尾藤满面笑容地问道。

"他很好,最近一直在外面奔忙。"

"关口先生真是了不起,值得我尊敬,只是有一点不足。"

"您指的是哪点不足?"

"这是人活在世上最重要的本事。我这样说你明白吗?"

"我不明白。"

"我是指赚钱的才能。如果没有这种才能,他再能干也没用。"

"但是我尊敬没有赚钱才能的先生。"幸子义正词严地说道。她又问:"这张照片里的两个男子在赤坂的'菊乃'酒馆里密谈,您知道那两个人的名字吗?"

"是那家酒馆吗?"尾藤凑近照片仔细地看了看,轻松地回答:"我派人去调查一下,明天给你个准信。"

"这么快就能查清楚?"幸子简直不敢相信,反而担心尾藤的可信度。

尾藤拍着胸脯叫嚷:"赤坂的事我能做主,只要是那儿的顾客,我准保能查到。"说到这儿,他突然反问:"你们为什么要调查这两个人呢?"

"对不起,无可奉告。"

"我知道了,关口先生想调查的人一定和什么案件有关,说得没错吧? 我不觉得他们和杀人事件有关,也许是受贿的问题吧?"

"无可奉告。"

尾藤叹了口气,"好吧,我不问了,照片就暂时放在我这儿,明天再还给你。"

幸子和尾藤告别后,匆匆地返回事务所。

"事情还顺利吗?"在事务所里等着幸子回来的关口问道。

幸子直率地回答:"他轻松地说明天就能查清楚。我不太喜欢尾藤这个人。"

关口笑道:"我也不喜欢尾藤。"

"那您为什么要担任他的辩护律师呢?"

"我们当律师的没有选择,只要他请求辩护,即使是个坏蛋也必须为他辩护,为什么要这样做? 或许是个永远值得讨论的问题。"

幸子半信半疑地问道:"到了明天,他真能搞清那两个人的身份吗?"

关口点点头,"他是打探的老手,应该不成问题。"

幸子又问:"秋本常子的情况怎样了?"

关口道:"现在正处于关键的阶段,医院里的医生护士,还有她的儿子、京子都在为了她的康复拼命努力。医生说治疗的最好方法就是周边的人给予她真诚的关爱。如果她信任他们,就有可能恢复记忆。"

"您是说她有可能恢复记忆了?"

"酒井医生对她进行了仔细的检查,认为她头脑中的记忆功能并没有完全损伤,极可能是她自己关闭了记忆功能的开关。"

"那要花很长时间吧?"

"具体多长时间医生也说不清楚。如果她不想打开开关,就永远无法恢复记忆,要是打开了,也许就恢复得快一些。"

幸子有些着急,"脑手术能打开开关吗? 比如,把断了的脑神经连接起来。"

关口道:"她是心因性的记忆功能丧失,无法通过手术治愈的。"

"她为什么不想主动打开开关呢?"

"也许是对外人的极度不信任。"

幸子叹了一口气,"如果她一直对谁都不信任的话,要治愈真的很难了。"

关口点点头,"酒井医生也认为治愈这类疾病确实难度很大。"

"那么只能通过身边人的关爱来治疗喽?"

"是的。"

"有其他的治疗方法吗?"

"医生说还有一种治疗方法。"

"什么方法?"

"她对谁都不信任的病状是长年积累产生的,所以应该调查使她不相信别人的诱因,一旦消除了这些因素,也许对治愈她的疾病大有好处。"

"她是个聋哑人,也许与正常人的差别使她感到痛苦。"幸子快人快语。

关口皱起了眉头,"你怎能这么说呢?"

"先生的意思……?"幸子满脸的疑惑。

"因差别而感到痛苦的说法太笼统。你不能这样简单地认识。她已在世界上生活了几十年,期间发生了各种各样的事情,绝不能用一句话来概括的。"

"对不起,先生!"幸子为自己的轻率感到内疚。

"我们只有追溯她几十年的人生,把细小的人生碎片连缀起来,这样才能看懂她的生活经历。如果真的把这件事做好了,她也许就会信任我们。"

"先生需要我做什么尽管吩咐,我想用实际行动来挽回失言的错误。"

"这件事由我来做。我和秋本常子都是聋哑人,也许更容易同病相怜。"

"那我做什么呢?"

"你先去调查照片里的两个男子的身份,搞清高桥是如何敲诈他们的。"

"我做这事对秋本常子有帮助吗?"

"还不清楚,先干起来再说吧。"

第六章

1

毫不夸张地说,详细调查一个人的经历,等于在写他的个人传记。

写传记,难度颇高。不同的写作立意和方法,可以塑造出传主完全不同的人格。因此,书写秋本常子的传记也存在着评价截然不同的风险。

关口对此颇感棘手。他不仅是个律师,也是和秋本常子同样的聋哑人。即使讨厌对方,也以同情的眼光来看待。但是,若持这样的态度,就不能正确地书写秋本常子的传记,甚至还有隐瞒真相的可能性。基于这样的困难,关口在调查秋本常子经历的时候定下了一个原则:必须站在客观的立场上审视秋本常子,即使在调查过程中发现对她不利的人事也如实地记录下来。

本着这样的原则,关口开始对秋本常子进行深入的调查。

秋本常子与1926年出生于东京。出生处是目蒲线下丸子的六轩工房。

那一带现在已辟为靠近多摩川的住宅地,在二战的时候却是一片农田和杂树林。当时建了不少工厂,还盖了一些供员工住宿的工房。

秋本常子出生的工房面积狭小,没有厕所,没有自来水,工房的天井里只有一口水井。

关口非常熟悉那样的生活,他自己也于1934年出生于东京郊外的工房里。

秋本常子的父亲名叫秋本普吉,出生于东北地区的福岛。小学毕业后在家里帮父母干了三年农活,然后去了东京,最初在日本桥的一家点心店打杂。

秋本普吉二十岁的时候,在下丸子的一家工厂工作。到了二十五岁,就和同样从福岛上东京打工,在一家大食堂工作的日野富代结了婚。介绍人是秋本普吉干活的那家蔬菜店的老板夫妇。

秋本普吉和日野富代在六轩工房开始了生儿育女的家庭生活。婚后第二年,生下了长子新太郎,接着,又先后生下了次子新二郎和三女常子。

常子在五岁的时候患了一次不明原因的高烧,从此就失去了听觉。那时是1934年,日本正处于战争的边缘,根本没有实施聋哑人的教育。

所以,常子没有上过学。准确地说,是没有可上学的聋哑学校。

1935年后,战争日趋激烈,到了军需品生产景气的年代。

秋本普吉所在的工厂也开始生产手枪部件,成了一家军工厂。

那时候,秋本常子究竟是怎样生活的已经难以稽查了。因为常子自己无法诉说当年的生活情景,而且也很难找到知道她当时生活的人。

秋本常子的父母在战后不久都相继死亡,长兄新太郎也在南太平洋战争中战死。二哥新二郎战后在一家公司当职员,是他把秋本常子养大的。常子二十八岁的时候,二哥也病死了。

秋本常子从十八岁起就开始工作,那年是1958年。她没有特别的技能,耳朵又聋,不能干事务性工作,只是不断地在工厂和情人旅馆干些粗活。关口从这两种职业入手调查,果然找到了她当时工作的同事。其中有一人从1954年开始和她一起工作了一年多。工作单位在品川,是承包生产铃木电气公司产品部件的一家小厂,当时只有十五六个工人,现在已发展成300多名工人的大厂。当时的社长工龄很长,现在仍是这家工厂的社长。

关口闻知消息后不由大喜,立刻带着京子去面见铃木社长。

铃木社长已有八十多岁的高龄,看上去仍很硬朗。

知道了关口的来意后,他很有把握地说道:"我在1954年已经是这家工厂的社长,所以什么事都记得很清楚。"

关口问:"您还记得那个聋哑人秋本常子吗?"

"哦,名字我忘了,但是她的事还记得起来。"

"您对她还有具体的印象吗?"

"那时候她还不到二十五六岁,人长得很瘦小,有一张可爱的脸。"

"她当时干什么工作?"

"什么工作?不就是杂务工嘛。我们工厂到现在也这样,是 N 电气公司的承包工厂,为他们制造电气产品的配套零部件。当然,在制造过程中会产生不少的铁屑和铝屑,她的工作就是把那些金属屑粒搜集起来。"

"在这一年间,她一直当杂务工吗?"

"是啊,除了干这个,其他工作她都干不了呀。那时候工作很难找,失业的人又多,雇佣残疾女工是需要勇气的。我这个人心眼好,助人为乐嘛。"

"您给她的工资一定很低吧?"

"她的工作量是正常人的一半,只能给她低工资。"

"她是通过谁的介绍来您这儿干活的?"

"是她的二哥介绍来的。她二哥在我们的母公司工作,我碍于情面让她进厂。那时候,像我们这样的小工厂很吃香,很多人都想进来。"

"她当时的状况怎样?和同事的关系处得好吗?"

"她为人很老实,工作很认真,只因为是个聋哑人,很难安排她的工作。"

关口又问:"当时厂里有没有和她合得来的同事?"

铃木稍思片刻,说道:"那时候,我们厂里总共只有三个女工,两个人还没有结婚。常子和另一个未婚女工关系很好,午休时经常待在一起。"

"那个女工是个正常人吗?"

"那当然。常子虽然是个聋哑人,工作上没有多大用处,但她性格开朗,谁都不嫌弃她。"

"那个和她关系好的女工还健在吗?我想见见她。"

铃木想了一会儿,清晰地回答:"她叫清子,后来和我们厂的一个工人结了婚,一直干到1960年,夫妇俩离厂开了一家拉面店。"

"那家店现在还在吗?"

"还在吧,就在附近的商店街,店名应该叫'珍珍亭'日餐馆。"

关口和京子向铃木道了谢,离开工厂,直接步行到商店街。

两人一边走,一边注意地看着两边鳞次栉比的商店和餐馆。

"啊,有了!"京子拉着关口的手腕,径直向一家餐馆走去。

餐馆的门面很小,挂着"珍珍亭"的招牌。店里只有一对老夫妇在忙碌着。

"我们就在这儿吃碗面条吧。"关口对京子说道。

两人随即走进了餐馆。当时店里有两位客人,正巧结账后离去。

京子和关口入座后,要了两碗酱油拌面。关口对一个六十二三岁的老妇人问道:"请问,您就是过去在铃木电气厂工作的清子吗?"

老妇人"哎"了一声,反问道:"客人也在那家工厂干过吗?"

关口道:"我没有,只是想问问您过去的要好同事秋本常子的一点事。"

老妇人急忙回答:"请您稍等!"

少顷,她端来两碗酱油拌面放在两人面前,关切地问道:"常子怎么啦?"

关口试探地回答:"她因杀人嫌疑被警方逮捕了,我是她的辩护律师。"

"真的是常子吗?"

"是的。"

"我不相信,常子绝不会干杀人的事。"

关口趁机说道:"我也不相信,但是在法庭上必须拿出她无罪的证明。所以我来找你了解一下她在铃木工厂时的情况,可以吗?"

"那时候,我第一次和聋哑人交朋友。和常子交流很麻烦,不能说话,只能打手势或者笔谈。不过我们的关系确实很好。"清子深情地回忆起往事。

关口问:"那时候,厂里没有人捉弄过常子吗?"

"啊,当然有。个别员工看她是聋哑人就恶意欺侮,但是常子脾气很好,始终笑脸相迎。所以有人说她是傻瓜。"

"常子不生气吗?"

"不生气。说在小时候常受到别人的嘲笑,早已习惯了。常子不计较别人嘲弄,始终保持乐观的心态,真了不起。"

"常子结婚的事你还记得吗?"

清子微笑道:"当然记得,还亲自参加了她的婚礼呢。"

"请说说她结婚时的情况。"

"她的婚礼很简单,但是常子看上去特别幸福,她的丈夫确实很优秀。"

"听说有了儿子后,两人就分手了?"

"好像是吧。她的儿子很可爱,常子说无论如何要把他抚养成人。至于他们夫妇的事我就不清楚了。"

"儿子在她的悉心照料下健康地成长,现在已结了婚,也有了孩子。"

"那太好了,常子也该放心了。她怎么会杀人呢?"清子有些愤愤不平。

关口提出了最后的要求,"如果法庭需要您为常子作证,您能去吗?"

"没问题!"清子爽快地一口应承。

2

第二天,崛田幸子再度面见了中央情报社的社长尾藤广志。

"那两个男子的身份搞清楚了吗?"幸子对此没有抱太大的

希望。

尾藤肯定地回答："搞清楚了！"

"真的吗？"

"用不着那样大惊小怪，我是这儿的地头蛇，赤坂发生的事都知道。"

尾藤得意地笑道，在纸上写了两个人的名字交给幸子。

幸子见纸上这样写着：津村幸雄　自治厅地方警备局长。神谷猛　神谷不动产社长。

尾藤又补充道："那个脸形稍长的男子就是津村。"

幸子问："你知道他们俩在谈什么吗？"

"具体的还不清楚，反正不会是什么好事。你想想，一个不动产的老板和一个政府官员在这样的地方谈话正常吗？"尾藤说完后，突然皱起了眉头，"我告诉你这些已经不是秘密了，警方肯定也知道。"

"那是怎么回事？"幸子惊讶得瞪大了眼睛。

"警察也有那张照片，一定会调查那两个人的身份。不过，现在还没有正式对他们搜查。"

"你怎么会知道的？"幸子更惊讶了。

尾藤笑道："我有顺风耳。"接着，他又向幸子告知了神谷不动产的地址。

幸子感激地说道："关口先生说要亲自对您表示谢意。"

尾藤摆摆手，"请先生不必客气。要是我被捕了，再为我当辩护律师吧。"

幸子和尾藤告别后，立刻去了位于四谷的神谷不动产公司。

一幢老旧的五层楼建筑的底层挂着公司的招牌。玻璃橱窗上贴着各式各样的物业介绍，不仅有东京都内的公寓，还有邻县的公寓和别墅的广告。

幸子装作普通顾客的样子开门走了进去。

售楼处的墙上挂着豪华公寓的大幅照片,还有伊豆、南房总,甚至夏威夷、澳大利亚的不动产广告。

一个年轻的男职员谦恭地问道:"请问您对哪种物业有兴趣?"

幸子道:"我是公司的职员,想在这附近租一套住房。"

"哦,是这样啊,那您希望借多大面积的住房?"

"我一人住,一居室就行了。房租不要超过十万日元,有这样的住房吗?"

那个男职员查了查资料,说道:"四谷三丁目有一套这样的住房。"

幸子没接他的话,又问:"听说贵公司的社长叫神谷猛,对吗?"

男职员大吃一惊,"您认识我们公司的社长?"

"他今天在吗?"

"不,他出去了。如果您有什么事请告诉我,我会转告社长的。"

"没有什么要紧的事。请问,这张照片里的年轻人是你们社长吧?"幸子手指着墙上挂着的一张照片问道。

照片里,一个三十五六岁的年轻人踌躇满志地和首相握手言欢。

"是的,他就是我们公司的社长。"那个男职员得意地点着头。

幸子赞了一句:"他能和首相相识,真是了不起。"

那个男职员更得意了,"我们社长的面子可大了,认识很多政治家。"

"他一定赚了不少钱吧?"

"具体情况我也不清楚,但他已经住上了豪宅。"

幸子浅笑道:"哦,真令人羡慕啊。"

"您看四谷三丁目的公寓房怎样?五层楼,带电梯,景观极佳……"

"谢谢,让我回去后好好考虑一下再答复你。"幸子说着离开了那家公司。

她并没有立刻回事务所,而是进入附近的一家茶室,暗中监视着神谷不动产的动静。一小时后,一辆豪华的奔驰车停在公司的门口,神谷社长下了车。

幸子记下了车牌号码。又过了一小时,神谷再次乘上奔驰车飞驶而去。

幸子慌忙跑出茶室,拦下一辆出租车紧紧地尾随其后。

那辆奔驰车朝着新桥方向驶去。车上的神谷正拿着车载电话通话。

他在和谁打电话呢?幸子很好奇,但她根本听不到神谷的声音。

奔驰车在赤坂附近的一家高级日本餐馆停了下来,那就是"菊乃"餐馆。

幸子倏地一惊:不就是照片里的那家餐馆吗?难道他要和照片里的另一个男子在这儿一起用晚餐吗?

她坐在出租车里注视着餐馆的大门,没有看到那个叫津村的政府官员出现。也许津村已经先到了,要不要进去确认呢,幸子一时拿不定注意。

出租车司机有些不耐烦地问道:"客人,您想干什么?"

"请在这儿再待一会儿。"

"您可得想清楚了,在这儿用餐,没有两三个小时是出不来的,这儿的顾客都是有钱人,用完餐还会叫来艺妓陪酒,一般要花上五六个小时。"

幸子知道关口律师事务所并不富裕,不得已下了出租车,一个人在马路边上监视着"菊乃"餐馆。

时下正是梅雨季节,没过多久就下起雨来。幸子赶紧穿过马路,进入对街的一家中华料理餐馆,一边吃着拉面,一边继续监视。

正如出租车司机说的那样,神谷很长时间没有出来。

幸子尽量放慢速度吃着拉面,但是过了三十分钟,再怎样拖延时间也吃完了那碗拉面。于是,她只得慢慢喝茶消磨时光。

整整过了三个小时,神谷终于一人走出了"菊乃"餐馆。此时,雨已停歇,他没有乘奔驰车,独自朝银座方向走去。幸子随即暗中跟踪。

神谷的去处是一家位名叫"加代"的夜总会。听到熟悉的脚步声,夜总会的门童很自然地开门迎客,神谷一闪就进去了,也许这是他常来的地方。

这是银座的高级夜总会,价格一定不菲,幸子一咬牙,也跟着走了进去。

没想到夜总会里出奇的明亮,幸子坐下后,向服务员要了一杯啤酒。

一个年轻的女招待笑着招呼道:"单身女人进来很少见,你是等人吧?"

幸子故意娇声问道:"神谷先生来了吗?"

"什么?你是神谷先生的朋友?请去里面吧,要不我把他叫到这儿来?"

"不需要。我是受他夫人的委托,专门来秘密调查他的。"

"你是女侦探?"那个女招待睁大眼睛看着她。

"神谷先生最近是否经常到这儿来?"幸子一边问,一边朝里面张望,看到神谷正坐在一张酒桌旁和两个女招待调笑。

"是的。"那个女招待不假思索地回答,"我最近经常看到他。"

"他一个人来的?"

"先是一个人来,接着就来了他的朋友。不过都是男朋友,你放心好了。"

果然不出所料,二十分钟后,两个中年男子走了进来,和神谷坐在一起,其中的一个男子就是津村。

幸子问身边的那女招待:"那两个人经常和神谷先生一起喝酒吗?"

"是啊,我最近经常看到他们聚在一起。"

"那是些什么人?"

"这个就不要问了,不管是谁都是男性,夫人知道了还不放心吗?"

"话是这么说,但是我的报告不具体就成了没有信用的人,即使神谷和男性喝酒,我也要说出他们的身份和名字,否则夫人是不会支付侦探费的。"

"哦,那真是麻烦。"

"我也没办法呀。"

"告诉你,其中一个男子是政府官员。"

"那另一个呢?"

"我有他的名片,请稍等。"那个女招待说完立刻朝里面走去。不一会儿,她又匆匆地返回来,递给幸子一张名片。

幸子拿起名片仔细一看,上面写着:K铁路旅游度假村开发部部长 德田利一郎。幸子立刻把那人的名字和职务牢牢地记在心里。

"他们在说些什么呀?"幸子试探着问道。

女招待笑道:"还会是什么? 不就是赚钱的事呗。"

3

关口去了一家位于上野的情人旅馆调查。他听说秋本常子离婚后,曾经带着孩子去那家情人旅馆打工。

情人旅馆的老板是个著名的影视明星,一共拥有四家类似的情人旅馆。

所幸旅馆的经理正巧是常子打工时的同事。

经理对关口说道:"那时我只是旅馆的服务生,所以对常子的事很熟悉,因为她是个聋哑人,社长说这样的人顾客最欢迎。"

关口问:"是因为她听不见客人说话的缘故吗?"

"正是如此。"

"她工作的表现怎样?"

"工作时特别卖力,也许是带着孩子的原因,所以拼命地干活。"

"她和其他的同事相处得好吗?"

"我们这种旅馆情况比较特殊,服务人员的关系一般谈不上特别好。尽管如此,常子和大家的关系还是很融洽,工作时从来不休息,一整天都是这样。所以有的人就把她当作傻瓜,甚至欺侮她。但是常子淡然处之,好像已经习惯了。"

关口问:"她和你交谈过吗?"

那个经理点点头,"她在这儿整整干了五年,只和我交谈过两次。因为我不会手语,她又听不见,所以她用笔谈,我则瞎比画,就像和外国人说话那样。"

"你们谈些什么呢?"

"主要说她小时候的事情,还说了二战后的生活和她结婚又离婚的事。"

"她为什么对你讲那些事呢?"

"我也把自己的事告诉她了,所以我俩的关系比较好,没什么顾忌。"

"你感到她那时的生活苦吗?"

"很苦。一人要抚养孩子生活,耳朵又听不见,真是很艰难。"

"她有没有偷盗过客人的钱财?"

那个经理很干脆地摇头否定,"她在工作的五年间从没有干过那样的事,所以社长和客人都很信任她。如果不是聋哑人,也许这个旅馆的经理就是她了。"

关口严肃地问道："在法庭审案的时候,你能为常子做证吗?"

"没问题,我很高兴为她做证。"那个经理的态度很明确。

关口向那个经理道别后离开了情人旅馆,同行的京子高兴地说道："我们现在总算找到了两个愿为常子做证的证人了。"

关口依然很冷静,"虽然找到了两个证人,但没法证明秋本常子是无罪的,法官还会根据自己的印象来做出主观的判断。"

性急的京子问道："我们接下来去找谁呢?"

关口回答："秋本常子的儿子在上高中的时候就一边打工,一边赚学费。他应该在上小学和初中的时候就亲眼目睹了母亲的艰辛,所以我想找他中小学的老师谈谈,特别是初中的班主任。"

"您知道那个班主任的名字吗?"

"是城西第三中学的一名男老师,名叫盐见,不知道是否还在那所中学。"

"我先去打听一下。"京子说着就跑去附近的电话亭打电话。

五六分钟后,京子返回来对关口说道："盐见先生在两年前辞职了,现在开了一家私塾,地址也打听到了。"

关口果断地一挥手,"现在就去见他!"

盐见的私塾就在离商店街不远的一座小楼的二楼。

私塾的对象好像是小学生,当关口他们到达的时候,小学生们正陆陆续续地放学回家。

盐见今年五十二岁,妻子也是原来中学的老师,夫妻俩都在这家私塾教学。

一见面,关口就直率地问道："您还记得一个名叫神田浩的学生吗?他现在已经三十二岁了,大概十五年前在您教的中学上过学。"

盐见毫不迟疑地回答："那个学生我记得很清楚。"

"您还记得他有什么特点吗?"

"具体什么特点记不清了,但对他母亲印象很深。她是个聋哑人,初次见面时谈话很费力,不知道怎样把自己的想法告诉她。"

"您对他母亲的感觉如何?"

"这也许是当母亲理所当然的事,为了孩子的成长不得不打工赚钱,她的丈夫中途抛弃了母子俩,所以对她来说,只有孩子才是她生活的唯一希望。"

"在初中的三年间,您一直是神田浩的班主任吗?"

"是的。"

"您和他母亲见过几次面?"

"我非常重视和学生家长的联系,平均每个月都要见一次面。"

"可是你们无法顺畅地沟通呀?"

"我刚才已经说了,初次见面时很费力。后来我就去学习手语,设法让她明白我的意思。她也会写假名和一些汉字,所以我们能比较顺利地笔谈。"

"现在,他母亲因杀人嫌疑被警方逮捕了,您觉她是那样的女人吗?"

"完全不是,我觉得她是个优秀的女性,不仅稳重大方,而且很要强。"

"您说她要强,具体指的是什么?"

"就是她对独生子神田浩的母爱,这种爱近乎到了盲目的程度。神田浩初一放暑假的时候,学校曾组织学生去奥多摩三日游,学生的家长也陪同前往。那时候,神田浩不小心从山岩上掉进溪流里。那条溪流很急,非常危险,就在大家一筹莫展的时候,他母亲连衣服都没脱就猛地跳进溪流去救孩子。"

"结果怎样了?"

"那时神田浩已被溪流冲了二百米远,硬是被他母亲救了。其实她本人根本不会游泳,但是为了救自己的孩子什么都顾不得了。事后我们急忙用救护车送她去医院救治。整整在医院里躺了一个星期,现在想想也后怕。我这才知道,她为了孩子随时都愿意献出自己的生命,真是了不得。"

"这就是您说的'盲目的爱'吗?"

"是的。母爱真是不可思议,也许她的本性就是这样的。"

"您说的'盲目的爱'是否还有另一层意思。就是即使孩子做了坏事也百般庇护,认为是绝对不可能的。对吗?"关口换个角度问道。

"是的。"盐见同意他的分析。

关口继续说道:"比如,儿子杀了人,受到社会上广泛的谴责,只有母亲会拼命地保护他,这样自私的爱除了母爱是绝无仅有的。"

盐见疑惑地发问:"难道你认为常子就是这样一个人吗?"

"神田浩君并没有杀人,刚才说的只是推论而已。不过,我可以认定他母亲无论做什么事都是为了保护神田浩君,都是为了他好。"

"确实如此。"

关口又问:"如果神田浩真的杀了人,他母亲会劝他向警方自首吗?"

盐见摇了摇头,"绝对不会,她一定会拼命地保护儿子,设法让他逃走。这种非理性的感情就是母爱。"

"你认为她的这种感情到现在也不会变吗?"

"是啊。这种感情和生活方式绝不会轻易改变的。"

4

幸子回到事务所,正在认真书写调查报告的时候,关口和京子一起回来了。

幸子对关口说道:"我刚才跟踪了那个不动产老板神谷,最后进了银座的一家夜总会，亲眼见到他和两名男子见面。其中的一人是照片中的自治厅官员，另一人是K铁路旅游度假村的开发部长德田利一郎，那家银座夜总会的费用奇贵，一瓶啤酒也要几千日元。"

关口大度地回答："那是调查所需的经费，你可以提出申请。"

幸子有些惊讶，"这没问题吗？"

关口苦笑道："你这点必要的调查费用还付得起，放心好了。"

京子看到黑板上写着神谷等人的名字，有些忐忑地问关口："神谷猛和津村幸雄真的和秋本常子的案件有关吗？"

"现在还不清楚。"关口一边说，一边又在黑板上增添了几个人的名字，形成了这样的排序：德田利一郎——津村幸雄——神谷猛——高桥顺——友田夫妇、野口绿子——秋本常子。

"如果列出人物关系表的话，我想应该是这样的。"关口对京子和幸子平静地说道，"因此，秋本常子本身和神谷等人没有直接的关系，也许是通过私家侦探高桥将两者联系起来。所以我要幸子调查神谷等人的行动，但是到现在还没有找到相互联系的证据。"

京子问："如果两者没有联系，调查神谷等人不是白白浪费时间了吗？"

关口有些无奈地回答："你说得也对。不过，现在还找不到证明秋本常子无罪的有效方法。通过调查她的过去，我们找到了证明她优点的几个证人，但是无法就此证明她无罪。也许这样做会白白浪费时间。既然已经开始了，我们必须进一步深入调查在秋本常子周边发生的事件和相关者，除此之外没有其他办法。"

关口确实有些沮丧。他通过京子向医院询问过秋本常子的病况，医院方回答仍和过去一样，还没有恢复记忆。

于是，他对京子吩咐道："你就从医院回来吧。"

京子觉得马上回来未必好，"先生不也说过我待在那儿，两头兼顾更好吗？再说她的儿子神田浩经常到医院来看护母亲，我的行动很自由。"

关口猛地一怔,"她的儿子一直来医院看护母亲吗?"

"是的,她的儿子常来医院,我离开一会儿也没关系。"

"神田浩已是人家的赘婿,他的岳父没意见吗?"

"听说他的岳父要他经常陪护母亲,所以神田浩也很感谢岳父。"

"那你就抽出时间来帮帮我吧。"关口更敬佩神田社长的为人和胸襟。

5

与此同时,十津川的部下向他报告了关口最近的动向。

西本报告:"关口律师指派他手下的崛田幸子律师对神谷猛等人进行暗中调查,他们似乎对神谷和津村幸雄的关系很感兴趣。"

十津川想了一下,提出疑问:"关口是秋本常子的辩护律师,关心她的案子也正常。他为什么要调查神谷猛和津村幸雄呢?难道认为两者有什么关连?"

西本道:"我觉得关口律师是要对所有和秋本常子案有牵连的人都进行调查。神谷和津村都是那个被杀的高桥侦探的敲诈对象,在这一点上,和秋本常子杀害的友田以及野口绿子有关连,因为他们也是高桥的敲诈对象。"

十津川并未所动,"可是秋本常子不是高桥的敲诈对象。"

西本点头承认,"是的。"

"也许关口律师觉得秋本常子无罪,坚信杀害友田夫妇的凶手另有其人。"

"是的。"

"难道他认为高桥敲诈友田引起了纷争,是高桥杀害了友田夫妇吗？"

西本道："也有这种可能性。友田因为和帮佣野口绿子有一腿，一直受到高桥的敲诈，他终于忍不住了，就对高桥说要去报警。于是高桥就慌慌张张地杀了友田，还捎带了和他在一起的妻子。想必关口律师会这样想的。"

十津川道："关口确实会这样想，并认为高桥也是他人杀的。但是高桥已死，无法说出谁是凶手，于是就派人暗中调查可能是凶手的神谷和津村两人。"

西本一拍脑袋，"对呀，那个杀害高桥的罪犯想必从高桥那儿听到了友田夫妇的消息，于是就铤而走险地先下手为强了。"

十津川问："关口调查神谷和津村已经到什么程度了？"

"那个崛田幸子一直跟踪神谷到银座的一家夜总会，亲眼看到了神谷和津村以及另一名男子在夜总会相见的情景。由于清水在后面跟踪崛田幸子，所以完全清楚当时的情况。"

"另一个男子到底是谁？"

"是K铁路旅游度假村开发部部长，名叫德田利一郎。"

"K铁路可不是日本专业的度假村开发商呀。"

"你说得对，所以该公司在各地的开发活动都引起很大的摩擦，当地居民对他们强硬的做法很反感，掀起了广泛的反对活动。"

"一个是不动产商，一个是自治厅的政府官员，一个是K铁路旅游度假村的开发部部长，他们为了什么在一起喝酒呢？"

龟井插嘴道："还不是为了赚钱？他们有可能在土地问题上相互勾结。"

西本也附和："现在土地价格高企的神话破灭了，但是度假村热还在继续。"

十津川还是心存疑问："可是度假村的开发和秋本常子没有关系，和友田夫妇也沾不上边。"

西本道:"是的。他们之间只有通过高桥才连接上,而且被高桥敲诈的理由也不一样。

十津川问:"神谷他们是什么原因受到高桥的敲诈,你知道吗?"

日下回答:"我想应该是土地的问题。"

"可是现在地价正在下跌,它不会是高桥敲诈的理由吧?"

"道理上是这样的,但是情况会有所不同。我估计 K 铁路利用神谷和津村采用不正当的手段把一块度假村的土地弄到了手,所以就成了高桥敲诈的理由。

"我们怎样才能找到确凿的证据呢?"

龟井道:"那只有继续暗中监视神谷等人,他们一定会露出马脚。"

十津川一拍桌子,"好,那就继续监视!"

西本又问:"如果那个崛田幸子再来打横炮怎么办?"

十津川笑道:"不要动她!进一步调查她的行动。我想知道关口指派她跟踪神谷等人到底是为了什么。"

第二天早晨,十津川在搜查本部睁开睡眼,忙着去盥洗室洗脸。

龟井等人也在办公室里熬夜,每个人都是一脸的倦容。

十津川点起一支烟,随即打开了电视机的开关。

龟井泡了一杯速溶咖啡,慢慢地喝着,期望能打起一点精神。

就在这时,电视里开始播放早间新闻。国际新闻刚结束,突然插入了一条杀人事件的消息。一个四十岁左右的女人照片瞬间占据了整个荧屏。

播音员播诵道:"今天早晨六点零五分,在横滨市绿区的'新蓝天公寓'的 506 室发现了目加田加代(39岁)的尸体。根据警方的调查,加代的脖颈上留有绞杀的痕迹,因此认为可能是杀人事件,随即展开了现场的搜查。加代是银座'加代'夜总会的妈妈桑,据店里的经理反映,她是凌晨一点过后才回家的。"

"就是她!"站在十津川身旁的西本大声嚷道。

十津川疑惑地问西本:"你这话是什么意思?"

西本兴奋地回答:"她就是神谷等人一起喝酒的那家夜总会的妈妈桑。"

第七章

1

十津川带着龟井立即赶赴横滨,面见负责调查此案的绿区警署的内川警长。

"目加田加代的被杀事件和你们负责的案件有关系吗?"内川好奇地问道。

十津川回答:"是否有关现在还不清楚。只是我们调查的犯罪嫌疑人经常去'加代'夜总会,所以才赶到这儿来了解案情。"

内川顿时闪现出期待的目光,"那太好了,能告诉那些嫌疑人的名字吗?"

"为什么?"

"因为杀人的现场十分可疑。我们发现里面被翻得乱七八糟,贵重物品都不见了,显然是强盗闯入谋财害命的。但是从屋外来看没有一点作案的痕迹,连门把手都被仔细地擦拭过,没有留下一点指纹。如果是流窜的盗贼不会这样干的。所以估计盗贼是死者熟悉的人,她的夜总会常客自然就进入了我们的视野。如果能告知嫌疑人的名字,一定会大大加快搜查的进度。"

十津川会心地一笑,"好吧,这就告诉你,嫌疑人共有三人,一个是不动产商神谷猛,一个是自治厅的局长津村幸雄,另一个是 K 铁路的旅游度假村开发部部长德田利一郎。"内川迅速地在笔记本上记下了他们的名字,继续问道:"你们为什么要怀疑这三个人?"

十津川回答:"这三个人中,至少有一人和我们调查的案件有很大的。"

"他是谁?"

"神谷猛。"

"为什么怀疑他?"内川紧盯着不放。

十津川觉得事情好像逆反了,明明是来这儿打听目加田加代的案情,反而受到横滨警察的不断追问。于是,他苦笑道:"我们现在正在侦办两起杀人案件。一起是一对夫妇的被杀案,另一起是敲诈对方的私家侦探的被杀案,我们怀疑两案之间有一定的联系。那个私家侦探案中就涉及神谷猛。"

"事情就这么简单?那个神谷猛因为被敲诈就杀了私家侦探吗?"

"你真不愧是个高手,一句话就点到了要害。"十津川赞了一句。

内川立刻换了一副笑脸,"如果是这样,你们一定认为神谷被目加田加代抓到了什么把柄才不惜杀了她的,来我这儿就是了解这事的吧?"

十津川笑答:"就是为这件事。刚才被你一再盘问,心里直打鼓呢。"

"好了,客套话就不说了,你们是警视厅来的高人,协助你们是应该的,说吧,有什么话要问?"内川表情轻松地看着十津川。

"我们首先想知道死亡的推定时间。"

"是今天凌晨两点到三点之间。死因是窒息,是被绞杀的。从尸检来看,罪犯从背后用绳索勒死了被害人,但没有留下指纹。另外,被害人的脑部后却还有击打伤。罪犯可能先痛殴了被害人,再用绳索绞杀的。"

"银座的夜总会是凌晨零点才打烊的,被害人一回到家里就遇害了,这说明罪犯有可能从夜总会一直跟踪被害人到家里。"

"这种可能性是存在的,但也有另一种可能性。罪犯是被害人的熟悉的夜总会常客,即便陪同本害人一起回家也不奇怪。"

"被害人遇害时穿着睡衣吗?"

"不,她是穿着和服被害的,也就是说,她当时穿的是离店时的衣服。"

"案发时,公寓里同一楼层的邻居听到什么动静吗?"

"我们调查过了,都说没听到。那时太晚了,邻居们都已经入睡了。"

"从她的房间里有没有找到笔记本之类的东西?"

"什么都没有,甚至没有往来的书信。流窜作案的小偷绝不会拿走这些东西的。所以我认为罪犯一定是死者熟识的人,他怕露出马脚,又没时间查找,干脆把那些东西一股脑儿地全部带走了。"内川扬扬得意地解释道。

"你分析得有道理,也很合逻辑。"十津川再次称赞道。

两人告别了内川,走出警署。龟井有些不满地责怪十津川,"你对那个年轻的警长是不是太过奖了,他的想法实在算不上高明。"

十津川笑道:"我们以后还得靠神奈川警署配合,说几句好话没什么关系。"

2

关口和京子继续对秋本常子的过去进行深入的调查,收集了许多对常子有利的旧闻逸事。关口对此很满意,他又找到了几个愿为常子在法庭做证的证人。

但是，调查很快就遇到了问题。他们了解到，在神田浩上高中的时候，秋本常子曾被警察逮捕过，怀疑她犯了伤害罪。

逮捕常子的是城南警署，关口和京子立刻前往调查。

当时负责此案的警察现在已成了城南警署的副署长，名叫宫下。

面对关口的询问，宫下明确地回答："那个案件我清楚，它的性质很严重。"

关口虽然有了不好的预感，还是耐着性子问道："你能详细地谈一谈吗？"

"案件发生在九月二十五日。那天傍晚六点左右，我接到110报警电话后，立刻驾着警车和几个同事赶到出事的N公园，看见一个十五六岁的小孩头上流着血蹲在地上。恰巧救护车也赶到了，那个小孩立即被送上救护车驶往医院救治。所幸只缝了八针，没有伤及生命。"

关口默默地听着，宫下又继续说下去，"手术结束后，我们问小孩是谁打他的，他说不知道。好像是有人突然用铁锤或者扳手之类的器具从背后袭击了他的头部，所以他没看见罪犯是谁。小孩的名字叫……"宫下望着天花板想了一会儿，脱口说道："对了，他叫岸本治，是K中学的高一学生。我们最初以为是同学之间的打架，因为那个岸本治是个相当调皮的学生。于是我们去了K中学进行调查，也向经常和K中学学生打架的R中学学生了解情况，没想到竟然没有找到可能袭击岸本治的嫌疑人。这时候，有目击者向我们报告案发的时候曾看见一个女人从现场附近逃跑的情况。说那个女人年龄在四五十岁，个子很小，右手好像拿着一把铁锤。我们顺着这条线索查下去，终于查到了秋本常子。"

关口问："你们找到她犯罪的证据吗？"

宫下回答："我们在她家的厨房发现了一把带着血迹的铁锤。而且她的体形、年龄都和目击者说的相符,所以立刻逮捕她进行审问。"

关口问:"她是聋哑人,审问时一定很困难吧?"

宫下点了点头,"确实如此,当时找不到什么手语翻译,我们不得不去聋哑学校救助。在聋哑学校老师的帮助下,审问还算顺利,秋本常子也供认不讳地承认这事是她干的。因为她是聋哑人,经常受到附近小孩的作弄以致发生了这起案件。秋本常子供认,由于那些学生经常欺侮她,所以就怀恨在心,总想伺机报复。那一天,她偶然看到岸本治在公园里玩,于是赶紧回家拿了一把铁锤返回现场,从岸本治的背后用铁锤猛击了两下,看到他流血倒地后才慌慌张张地逃回家去了。其实,岸本治从没有欺侮过幸子,她完全认错了人。"

关口问:"秋本常子被判实刑吗?"

宫下回答:"我们把她逮捕后送去了检察院。没想到那些媒体却站在秋本常子一边,他们一般都同情身患残疾的弱者。"

"有没有被判刑呢?"

"判是判了,但是法官也许是受到了媒体的影响,最后决定缓期执行。好像秋本常子对此很愤怒,一气之下就带着孩子搬走了。"

"难道她对缓期执行也不满意吗?"

"那是肯定的。当然,首先是那些作弄她的学生不好,但是拿着铁锤行凶报复也是绝不允许的。如果出手不慎,那个高中生就有可能死于非命。"

"那么审判长为什么会决定缓期执行呢?"

"这可能是媒体请求的结果。他们一致认为是作弄秋本常子的那些学生不好。受到媒体同情弱者的影响,许多读者都站在秋本常子一边。即使明知道她错误地用铁锤袭击学生也都忽略不计了。"

"如此说来,那个岸本治就被白打了?"

"是啊。媒体一味地同情秋本常子,反而嘲笑岸本治,认为是他不好。"

"现在,岸本治的情况怎样了?"

"我们只知道他当时有一段时间受到后遗症的影响,很痛苦。至于成人后的情况就不知道了。"

关口带着复杂的心情离开了城南警署。他曾下决心彻查秋本常子的过去,即使知道她的污点也一定如实地记录。可是,一旦发现了秋本常子过去的问题就不自信了。如果检方在法庭上旧事重提,就难以坚持秋本常子是无罪的论点。

京子对关口说道:"当时判刑的法官毫无疑问会成为检方的证人。"

关口叹了一口气,"也许吧,这的确是秋本常子的一个污点。"

京子并不同意,"仅仅是一个污点吗?法庭的审判记录不会只写伤害罪,也许是杀人未遂的结论。"

"那你先去调查法庭的审判记录吧。"关口对京子这样说着,自己决定亲自去报社调查。

他在中央报社看到了十七年前的那篇报道,"人们发现一个名叫岸本治的高中学生在公园里血迹斑斑地倒在地上。警方逮捕了犯罪嫌疑人A。她的真实名字叫秋本常子……"报道的基调是同情秋本常子的,明确指责了作弄残疾人的学生。

关口对报社人员拜托道:"我想面见当时写这篇报道的记者。"

少顷,那个当时的记者、现在的报道部部长田口出现在关口面前。

关口希望他回忆一下秋本常子的事。

田口道:"从现在来看,那篇报道里有许多值得反省的地方。"

关口问:"要反省什么呢?"

"主要是对那个女性聋哑人。她在情人旅馆打工,单独抚养一个孩子。没想到有些不良少年竟然去作弄一个残疾妇女。他们的做法十分恶劣。于是,那个女人用铁锤袭击了不良少年中的一人,被警方逮捕了。当我们听到这个消息时,社会新闻的所有记者都认为是作弄她的学生不好,所以完全站在她的立场上写了那篇报道,其他的报纸也基本上采用了这样的写法。"

"在你们的支持下,秋本常子最后被判为缓期执行,对吗?"

"是的。这样的结果不出意外,既有律师的辩护,也有媒体的作用。"

"判决书上定为伤害罪还是杀人未遂罪?"

"我想警方最初是以杀人未遂罪送往检察院的,但结果定为伤害罪。"

"你说的反省是指什么呢?"

"这是我事后才明白的道理。"

"难道是秋本常子误袭了那个学生吗?"

"是的。身负重伤的学生岸本治虽然很调皮,并没有作弄过秋本常子,也就是说,岸本治无辜地受到了袭击。"

"你就是为此反省吗?"

"对。秋本常子是弱者,但她做的事未必是正确的。聋哑人受到不良少年的欺侮确实值得同情,但这是另一回事。弱者犯罪同样要受到法律的制裁。"

"秋本常子和岸本治的情况后来怎样了?"

"常子带着儿子搬了家。虽说是缓期执行,她在原地也实在待不下去了,岸本治受伤后休学了一个月,听说现在只不过是个普通的公司职员。"

关口问:"秋本常子请了辩护律师吗?"

田口回答:"她没有钱,只好由官方指派一名辩护律师。由于是聋哑人,据说没能和律师进行很好的沟通。"

关口告辞后,又去面见那位辩护律师。由于是同行,很快就查明了对方的名字,他叫新藤,和关口是同期的律师。

两人见面后,关口急切地问起当时的情况。

新藤看着关口身边的京子答道:"当时有手语翻译就好了。那时我想问常子作案的动机,但是不会手语,只好用笔谈,她又不识几个字,真是为难。"

关口问:"审判的结果是缓期执行吗?"

新藤回答:"是啊,对于这个结果我的作用不多,还是媒体的力量强大,他们都同情秋本常子,一致为她鸣冤叫屈。"

"那个遭到常子袭击的少年岸本治是怎样的情况?"

"你具体指什么?"

"听说他并没有欺侮过常子。"

新藤耸了耸肩膀,"我是判决后才知道实情的,当时觉得太幸运了,要是判决前知晓此事,常子也许就无法获得'缓期执行'的轻判。"

"你是怎样为她辩护的?"

"由于不清楚被告人的犯罪动机,为她辩护很辛苦。我只能向法庭提出酌情轻判的请求。因为被告人一直过着苦难的生活,又受到社会的歧视,其情可悯。老实说,我的辩护词没有很大的说服力,稍有不慎就会翻船。"

"为什么呢?"

"因为常子从家里拿来铁锤从背后袭击被害人,医生说她至少用铁锤猛击了三下。如果法庭判她故意杀人罪,我也没办法。"

"听说后来判她是伤害罪?"

"是啊,所以决定缓期执行。"

关口直率地说道:"我这次也担任了她的辩护律师,是杀人嫌疑罪。"

新藤目不转睛地看着关口,诚恳地告诫:"你还是小心为好。"

"为什么这样说呢?"

"检察官一定会查到十七年前发生的那起案件,说明她是有前科的。如果一味地说她过去的苦难没有用,因为法庭已经知道被告有伤人的事实。"

"常子误伤了那个少年是真的吗?"

"是真的。我在判决后才知道这个事实,还专门去做了调查,查明被害人根本没有欺侮过她,她不问青红皂白地用铁锤打人太不正常了。"

"不过,我还是不相信常子会这样做,她从小就是聋哑人,经常受到别人欺侮,但她一直默默地忍受着,怎么会无缘无故地用铁锤打人呢?"

"可是她确实这样做了呀。"

"你再怎么说我也不相信……"

看到关口如此固执己见,新藤不由得笑道:"你一直认为秋本常子在这次案件中是无罪的,而且你也是聋哑人,坚信聋哑人是不会杀人的。这不是你的温情恰恰是你的弱点。其实,聋哑人也会杀人,这就是当今的现实。十七年前,秋本常子满怀杀意地用铁锤袭击一个年仅十五岁的少年,这是一个不容混淆的事实。我当时受官方指派当了她的辩护律师,虽然同情她的生活遭际,也只能提出希望酌情轻判的请求,因为我无法掩饰她用铁锤袭击的事实,而且当时就清楚她是满怀仇恨地痛下杀手的。"

"你刚才不是说自己不懂手语,双方无法有效地沟通吗?"关口怀疑地看着对方。

新藤冷静地回答:"确实如此。不过,尽管不能用言语沟通,还能看懂对方的表情。我和你都多次担任辩护律师,应该比普通人更能看懂对方的表情,猜测到对方的想法。我设法向她表达了'你看错人了'的意思。但她没有减少对那个少年的愤怒,而且也没有为自己做的事后悔。"

"她真的没有后悔吗?"

"是啊。你不能对她评价太高了。"

"评价太高?什么意思?"

"也可以说你有先入为主的问题。什么穷人总是好人,经常被欺侮的人心地都很善良。我认为这是错误的先入为主观念。我明白这是你的一种良好愿望,实际上并不是这样的。一个人要是贫穷了,良心就可能堕落,要是经常受到欺侮,性格就会很暴躁。从她用铁锤重击少年头部三下的情况来看,她是极度狂暴的,甚至有'打死他也无所谓'的想法。当然,在法庭审案的时候,我对这些事只字未提。其实,她真是有杀人之心的,这是她日积月累的仇恨总爆发的结果。"

关口听了新藤的分析,心情渐渐地沉重起来。他不认为新藤在故意编造谎言,也许这就是十七年前秋本常子故意杀人的真实写照。

和新藤告别后,关口对京子沮丧地叹息道:"我现在已经失去自信了。"

京子问:"难道您没有信心为常子辩护了?"

"是啊。如果法庭开始审案,检察官必然会提出十七年前发生的那起案子,一定会给法官留下很坏的印象。"

"您不能进行反驳吗?"

"我无法反驳。她用铁锤袭击少年是事实,而且对他的头部重击三次啊。"

京子继续鼓励道:"不过,她不是经常受到那些小孩的欺侮吗?首先是他们做了坏事。常子是在忍无可忍的情况下才爆发的,如果您能对她的行为动机进行深入的分析,也许会使法官产生同情心的。当时正因为媒体同情常子,最后打动了法官,做出了缓期执行的轻判。所以说,您应该有充分的理由进行反驳。"

关口依然愁眉不展,"可是法庭审判后,常子应该知道自己打错了人。"

京子振振有词地说道:"她当然知道了事情的真相。但是如果您能以此证明她是多么倒霉,不同样也能得到法官的同情吗?"

"嗯,有道理!"关口点点头,"我们就去调查那几个欺侮过她的小孩吧。"

关口知道那些捣蛋的学生确实成了一个社会问题。最近就有五六个中学生用石块袭击了住在学校附近公园的三个流浪汉,使他们受了重伤。

这些学生都是普通的小孩。没有受到矫正教养的历史,面对警察的询问,他们竟然笑嘻嘻地回答:"我们觉得向那些人扔石块,听到惊叫声四处逃跑是最有趣的事。"报上都用大量的篇幅报道了那起案件。

十七年前的事也许和现在的新闻基本相同,肇事的起因都出自那些缺少管教的小孩。关口感到心里隐隐作痛,小孩是天真无邪的,但也有惊人残酷的一面。

3

关口和京子再次去上野的那家情人旅馆,面见了旅馆经理。

经理惊异地问道:"你们又来找我,有什么事吗?"

关口道:"据说秋本常子离开这儿之前发生过一起案子,你知道吗?"

经理叹了一口气,"你们上次来这儿的时候我就很犹豫,要不要把这事告诉你们呢?对她来说,这可是个污点,所以我最后还是没有说出口。"

"听说因为她是个聋哑人,经常被那些小孩欺侮,对吗?"

"是的。我起先不清楚,案件发生后才知道这事。她好像长期以来一直受到那些小孩的作弄和欺侮。"

"她对谁都没说起受小孩欺侮的事吗?"

"有没有说就不知道了。当时和她同住在一间宿舍的还有其他女服务员,她们都说不知道这事。常子这个人特别能忍耐,也许无法用语言说明,只能保持沉默吧,如果我会手语的话,她一定会和我交流的。"

"那次事件过后,她就辞去这儿的工作了?"

"是的。法庭判了缓期执行,我们的社长希望她继续在这儿干下去,但她还是辞职了,估计觉得无脸见人,待不下去了吧,听说她很快就搬出原来住的公寓,孩子也退了学,一起迁到别的地方去了。"

"案发的N公园就在这儿附近吗?"

"不,那个公园离她的住处很近。过去她每天穿过N公园去地铁N车站,乘地铁来我们这儿上班,所以我估计那些调皮的学生经常在N公园欺侮她。"

听了经理的话后,关口突然有了新的想法:那个遭到常子袭击的岸本治也许就在公园附近的学校上学吧?

"走,去N公园看看!"关口对京子说道。

他们乘地铁到N车站,步行十二三分钟就到了N公园。

公园面积并不大,中央有个水池,是市民们平时休憩、活动的场所。

关口和京子到达公园的时候,看到一些老人正在广场上打门球。

公园的中央斜逸出一条小路,也许秋本常子通过公园时,就在这条小路上遭到那些学生的欺侮。

京子用手语问关口:"先生也曾经被那些调皮的学生欺侮过吗?"

"当然有,那些孩子都是很残酷的,往往跟在你的背后,或者冷不防用石头袭击,或者骑着自行车冲撞你,他们被警察抓住时,还振振有词地说我不好。"

"难道他们对秋本常子也是这样干的吗？"

"也许吧。"

"如果是这样的话，常子除了反击没有其他路可走。"

"可是她打错了人。"

"但我还是觉得这事有蹊跷。"京子歪着头说道。

"这有什么奇怪的，小孩看上去都差不多。"关口有些不以为然。

"可她本是个心地善良的人啊！"

"是的。"

"那她为什么要如此狠心地痛下杀手呢？"京子依然满腹狐疑。

"是啊，她确实下手很重。"关口觉得是个问题。

于是，两人一边走，一边向住在N公园附近的居民了解当时的情况。

一个叫大林的居民对十七年前发生的事情还记忆犹新。

他道："那件事太可怕了。一个在附近K中学学习的高一学生浑身是血地被抬进医院抢救，罪犯是个聋哑女人，名字叫……"

京子补充道："秋本常子。"

"对，就叫这个名字。她的儿子也是K学生，所以这事格外令人痛心。"

关口问："听说她在这儿附近经常受到那些学生的欺侮，你亲眼见过吗？"

大林有些困惑："我每天早上都去公园散步，从没见过那样的事。"

"但是，报上不是这样报道吗？说她经常受到那些学生的欺侮。"

"啊，报上是炒得沸沸扬扬，还说那些学生欺侮她的方法很恶劣，不是用'扒金库'的钢珠弹射她，就是骑着自行车撞她。"大林承认确有这样的说法。

"那么,有人见过吗?"

"哪有这种事。"

"难道报道是错误的?"

"报纸连续报道了这事,我们商店街的人也曾经聚集起来议论过,没有人见过。所谓的欺侮,作弄都是记者编造出来的。"

接着,他们又向商店街的其他人询问,大家的回答与大林基本相同。

关口再次去中央报社面见了田口部长。

田口诧异地问道:"还有什么事吗?"

"还是为了十七年前的那件事。"

"我不是全都说了吗?"

"今天,我们去了案发的 N 公园。"

"是吗?已经过了十七年,那一带一定变化很大了。"

"我们向当地居民问了秋本常子被学生欺侮的事。"关口不动声色地说道。

"确有其事。那些学生欺侮她很严劣,所以秋本常子忍无可忍地报复了。"田口的回答也很自然。

"可是,我们今天去问了当地的居民,他们说根本没有看到这种情况。"

"这种可能性也是有的,关口先生问的人正巧没有见到那种情况。"

"也许吧。请问,报社的记者是从哪儿取得这第一手资料的呢?"关口步步进逼地问道。

"难道你认为我们在胡编乱造吗?"田口有些生气地回答。

"我不是这个意思。我是秋本常子的辩护律师,自然要关心这个问题。"

"这事上次就听说了。"

"一旦法庭开庭,检察官一定会提起十七年前发生的案件。因此,我作为她的辩护律师,很想知道十七年前发生的案件真相。"

田口点起一支烟,"秋本常子在法庭上说她每天上班时都受到那些学生的欺侮,所以在忍无可忍的情况下采取了报复行动。我通过手语翻译和她交谈,核实情况,觉得她是个心底善良的女人,所以在报道时采取了支持她的立场。"

关口点点头,"说她的心地善良,我也有同感。"

田口趁机反问:"那样的女人会毫无理由地用铁锤袭击一个中学生吗?"

"……"

田口继续说道:"由于她经常受到那些学生的欺侮,所以才一怒之下采取了报复行动。况且有人亲眼看见那些调皮的学生在公园用钢珠弹射路人的情况。"

"那个被弹射的路人是秋本常子吗?"

"据那个看到小个子女人逃跑的目击者说,是他抓住用钢珠弹射的学生,把他交给了警察。"

"那个小个子女人是秋本常子吗?"关口再次确认道。

"我想应该是的。"田口肯定地回答。

离开中央报社后,京子问关口:"先生是否觉得又受骗了?"

"是啊。"关口似乎有些无奈。

京子进一步发挥道:"我觉得常子不会在十七年前编造谎言,那些学生欺侮她的事一定是真实的。先生您不也说过自己遭受欺侮的事吗?"

关口道:"在开庭时光说这些没有用,法官要的是确证。"

"那我们怎样才能找到确证呢?"京子显得很焦急。

"我们就去 K 中学了解一下吧。负伤的岸本治是 K 中学学生,秋本常子的儿子也在那所学校学习过。"关口最后下了决心。

4

他们在 K 中学面见了教导主任村田。他十七年前还是个三十二岁的青年教师,是岸本治的班主任。

"那件事我永远忘不了。"村田的眼睛在厚厚的镜片后面不停地眨巴着。

"听说是秋本常子误袭了那个叫岸本治的学生,对吧?"关口问道。

村田回答:"是的。岸本治虽然是个问题少年,但他没有欺侮过秋本常子。"

"你说的问题少年是什么意思?"

"他的父亲是暴力团成员,受父亲的影响,他也成了惹事生非的问题少年,甚至带刀进入学校,不但威胁同学,还砍伤看不顺眼的老师,被警察逮捕过。"

"难道他真的没有欺侮过秋本常子吗?"

"是的。他没有干过那样的事,确实被秋本常子误袭了,并且受了重伤。"

"听说秋本常子的儿子当时也在你们学校念书,有这事吗?"

"是的,他和岸本治是同班同学。"

"他对这件事是怎么说的?"

"事发之后,警察问过他好多次,他什么都没说。我也单独问过他,他依然守口如瓶,只是说了一句'我什么都不想说'。他这样做也许是理所当然的,因为被害人是同班同学,而凶手是自己的母亲。"

"秋本常子的儿子是个怎样的学生?"

"他人很老实。发生了那件事后就转校了,我和他相处的时间不长。"

"他学习的状况如何?"

"学习很认真,就是缺课太多。"

"是身体不好的原因吗?"

"不是,应该是懒散才不来上课的。"

"你刚才不是说他是个学习认真的学生吗?"

"是,我是这样说的。这也许是个奇怪的现象。"

关口暗忖:这些事都没听说过,我又上当了。于是,他又问村田:"当时的同班同学现在在哪儿?你能告知他们的住址或者联系方式吗?"

村田拿出一本毕业生名录翻阅了一下,说道:"有个叫木岛的同学现在在附近开了一家不动产店。"接着,他又热心地画了去那家店的路线图。

离开 K 中学后,关口和京子在附近的一家面馆简单地用了晚餐,然后直接去了那家店。赶到时,那家不动产店正要打烊,木岛社长接待了他们。

听到对方的来意后,木岛深有感触地叹息道:"你问的是 K 中学时代的事吧?一晃已经十几年过去了,真让我怀念啊!"

"那时有个叫岸本治的同学在 N 公园遭到突然袭击,还记得这事吗?"

听关口这么一问,木岛的眼睛睁得溜圆,"当然记得,我还吓了一大跳呢。"

"是因为他被打得满头是血的原因吗?"

"不完全是。岸本治的爸爸是暴力团成员,他是班里的小流氓,平时总拿着刀进学校吓唬同学,大家都很怕他。所以看到他被打成这样我确实很吃惊,心想那些被他一直欺侮的同学一定很解气,说不定还会高呼万岁呢。"

"那个打他的秋本常子的儿子也是他的同班同学,对吗?"

"啊,你是说秋本浩?对,是我班的同学。"

"听说他经常缺课,有这回事吗?"

"是的,他一直不来上课。"

"为什么不来上课呢?你们班主任村田老师说他生性懒散。"

"是塘鹅说的?"

"塘鹅?"

"这是村田老师的绰号。其实,塘鹅什么都不知道,只知道教书,是典型的事务主义者。班里发生再大的事都不去关心一下。"木岛有些不屑地说道。

关口顿时来了兴趣,"班里发生了什么大事?"

"恐怖政治。"

"什么?"

"是岸本治制造的恐怖政治。他平时总是欺侮同学,谁要反抗,他就对谁亮刀子。秋本浩更成了他逞威的对象,吃了不少苦头。"

"秋本浩就是为了这个原因才经常不来上课的吗?"

"就是这么一回事。"

"原来如此!"

"塘鹅老师根本不知道这事,还经常说秋本浩偷懒,是傻瓜。"

关口又问:"秋本常子对警察说,她是个聋哑人,经常受到那些学生的欺侮,所以一怒之下用铁锤袭击了岸本治。你知道这件事吗?"

"那是报上登的吧?"

"是的。"

"也许有那样的事,但我从来没听说过。"

"你是说K中学的学生没有欺侮过秋本常子?"关口谨慎地确认道。

木岛肯定地回答:"反正我没听说过这样的事,班里也没听说过。要是真的有,一定会成为同学们议论的话题。"

"那个岸本治现在在干什么,你知道吗?"

"他上高二时就退学了,听说和他爸爸一样,也参加了什么暴力团。"

"参加了黑社会?"

"是的。一个同学在新宿的酒吧喝酒,突然听到有人在叫他,回头一看,叫他的正是岸本治,他现在好像成了暴力团的小头目,神气得很呢。"

走出木岛不动产店后,关口对京子提出了自己的看法:"看来十七年前发生的那起案件很复杂,和报上报道的真相不一样。"

"先生为什么这么说呢?"

"秋本常子并不是自己受到 K 中学学生欺侮才拿铁锤去袭击岸本治的,真正的原因是她的儿子在学校一直被岸本治欺侮,不敢去上课造成的。况且她是个聋哑人,无法和班主任沟通。也许看到儿子回家后,身上被打得青一块紫一块的情景,担心儿子从此不敢再上学,所以一怒之下拿起铁锤去 N 公园袭击了那个岸本治。"关口一口气说出了心中的结论。

第八章

1

此时,关口和京子都感到口渴难耐,一起走进了附近的一家茶室。

京子默默地喝了一口香蕉汁,说道:"我以前看错秋本常子了。"

关口感兴趣地问道:"此话怎讲?"

"她是个聋哑人,从小时候开始就饱受歧视,生活很苦,好不容易抚育孩子长大,又被当杀人犯看待,真可怜啊。"

"这样的事例社会上多了,不足为奇。"

"是啊。但是每当我看到她,还是觉得可怜,自己无法做主,完全交给命运安排,她可能也很愤怒,但无法表达,只能憋在心里。"

关口道:"我理解她的性情,有时候我也会像她那样生闷气。"

京子话锋一转,"不过,她毕竟还是抗争了,在关键的时刻,为了保护自己的孩子,就是对那些人见人怕的坏小子也敢于拼死一搏,想不到这个看似瘦弱无力的聋哑女人竟然也有如此可怕的力量。"

关口似有同感:"确实如此。秋本常子有自己的想法,关键时刻敢于挺身而出,即使把对方杀了也在所不惜。所以她可说是个勇敢的、可怕的女人。"

京子道:"我们现在必须重新审视常子这个人了。"

关口继续说下去,"你说得对,要重新认识秋本常子。与其把她看作一个长期忍受各种折磨的可怜的老婆婆,倒不如恢复她敢于和坏小子以死相拼的勇敢本性,我愿意和这样的人一起在法庭上战斗。"

京子有些意外:"先生真是这么想的吗?"

关口的情绪有些激动,"我是这样想的。如果维持现在这样的状态,打赢这场官司没有希望。况且现在的常子思想很消极,似乎放弃了法庭上的斗争。"

"我和先生的想法有些不同,不知能说吗?"京子好像有些顾虑。

关口爽直地回答:"当然可以。虽然我比你年长,碰到过各种案件,知识也比你丰富,但未必是件好事,也许会习惯于用守旧的眼光来看问题。加之我也是聋哑人,对她的看法往往比较感性。你与我不同,会比我更冷静看待这个问题。"

于是,京子直接提出了自己的想法:"我并不认为常子是消极的,她依然保持着旺盛的斗志,时刻准备战斗。"

关口摇摇头:"你说的是否过于理想化了? 我们和她见过几次面,她不是一直抱着听天由命的态度吗?"

京子道:"我第一次见到她时,也对她的消极态度大惑不解。"

关口笑了,"我知道其中的理由。那是社会上长期对她漠视、偏见的结果。"

"我也有同感。她一定认为就是对人说了自己的想法也没用,所以宁愿把自己牢牢地关在自我封闭的外壳里。"

"你对她的情况进行调查后,就产生了新的想法吗?"

"是的。"

"说来听听!"

"我原来的想法和先生是一样的,但对她进行调查后,有了新的认识,认为她是个绝不会对社会的漠视和偏见轻易低头的人。"

"但我们不是一直看到她很消极吗?"

"是啊,正因为如此,我才觉得要深入思考其中的原因。"

"你的思考有结论了吗?"

"我认为她是个有作为的人,为了孩子甚至敢于和恶势力拼命!"

"你是说这个案件也是她为了儿子才干的吗?"

"是的,因为在儿子的学生时代,她就用铁锤袭击了欺侮儿子的坏小子。"

"可是她儿子已经成人,不仅结了婚,还有了孩子。"关口还是有些不解。

"在她眼中,儿子依然是个孩子,是她保护的对象。"京子的回答很干脆。

"你能具体地说出她的心情和这起案件的关系吗?"

"我坚信她在这起案件中一定是为了保护儿子才这么干的。"

"那她为什么对自己采取了消极的态度呢？"

"虽然无法用语言来表明自己的态度，但她必定认为保护儿子是最重要的，为了达到的这个目的，自己的荣辱已经无所谓了。"

关口皱起眉头，"难道她真是为了儿子才去杀害友田夫妇、偷盗钱财的吗？"

京子平静地回答："这个还不清楚，但是她做的一切都是保护儿子，这一点是毫无疑义的。"

"照你这么说，她就是真正的罪犯喽？"

"虽然我相信她是无辜的，但也无法排除她为了儿子而去杀人的可能性。"

"难道你是从她过去用铁锤袭击欺侮儿子的学生事例推论的吗？"

"嗯。"

"可是这次的情况与过去完全不同。她的儿子现在已是神田家的赘婿，岳父是个大资本家，何况他现在已是个大人了，即使没有母亲出手相助也完全能保护自己。如果儿子没有钱，母亲为他去偷盗主人家的钱财还能理解，但是神田是大资本家，有的是钱，这怎么说得通呢？"关口觉得京子的理由不成立。

"尽管如此，我依然觉得她的态度和行动都是为了保护自己的儿子。"京子还是固执己见。

"你的说法很难说服我。"关口有些烦躁地点起一支烟来。

京子又道："她要是能透露一些信息就好了。当然，我也不抱太大的希望，如果真的是为儿子而犯案的话，绝不会告诉我们的。"

"就像儿子学生时代发生的那起案件一样吗？"

"是的。"

关口道："如果他儿子真的没钱，你刚才的说法就能说服我了。"

就在他深思的时候,手上那支烟很快就化为了灰烬……

2

十津川坚信这三个案件是互相关联的,其中一定有着某种内在的联系。可是,迄今为止并没有找到联系的证据。

特别是友田夫妇的被害似乎与其他的个案没有关系。作为犯罪嫌疑人的女佣秋本常子虽然已被警方逮捕,但是未有确切的结论。至于后来的两起凶案都是在秋本常子逮捕后发生后,常子当然不是涉案的凶手。

如何看待这两起案件呢?十津川陷入沉思之中。

如果还有别的凶犯,在情理上是说得通的,如果三案是同一个凶手所为,那么秋本常子就是清白的,警方误捕了她。

十津川斟酌再三,还是把握不定,这样的犹豫是十分罕见的。也许是第一次接触到秋本常子这样的聋哑嫌疑人,使他碰到了意想不到的困难。

通常,在审问中就能看懂对方的脸色,但对秋本常子却无法奏效,即使请手语翻译帮助沟通,也因为彼此间的隔阂无法正确把握对方的真实想法。警方只得在毫无自信的情况下配合检察院向法庭起诉,公判的日子日益临近了。

"警长,你不能有人道主义的同情,这样会误判真相的。"龟井提醒道。

"你看得出我有这样的倾向?"十津川有些不以为然。

"当然看得出。"龟井依然坚持自己的观点,"秋本常子是个聋哑人,也许值得同情,但她现在是犯罪嫌疑人,在这方面没有辩解的余地。"

就在十津川准备回答的时候,西本拿着当天的晚报走进办公室。

"真是出了怪事!"他一见十津川就大声地嚷嚷。

"是和案件有关吗?"十津川关切地问道。

"也不能说没有关系。"西本一边说,一边打开了那份晚报。

神田社长遗憾地宣布撤退!一行标题映入了十津川的眼帘。他仔细地看下去:前不久,神田肇社长为了筹划"聋哑老人之家"项目,购买了政府的用地(代表方为神谷不动产)。但是,由于资金链的断裂,神田肇社长不得不遗憾地宣布撤退该项目。神田社长称:"此次撤退,实为不得已之举,真诚地向聋哑人朋友道歉。筹划该项目本不计名利,只因资金断续,难以为继,给社会增添了麻烦,真是愧疚莫名……"

"那个神田社长是不是秋本常子之子的岳父?"十津川确认道。

"是的。"西本肯定地回答,"由于女婿的母亲秋本常子是聋哑人,所以神田社长对聋哑人的问题非常关心,专门筹划了建造'聋哑老人之家'的项目,并且购买了政府所有的南房总的土地。"

十津川若有所思地问道:"报上说的项目代表方是神谷不动产,它的老板是不是在日本高级餐馆和自治厅的津村局长会面的那个人?"

"就是他。"

"那块土地是公有土地,神田真的准备在上面建造'聋哑老人之家'吗?"

"是的。"龟井回答。

"市有或者町有的土地出售是由自治厅操办的,津村局长对于出售这块土地拥有很大的权力吧?"十津川进而提问道。

"应该是的。如此一来,神田和津村、神谷猛两人就三位一体了。"龟井做出这样的推测。

西本反对道:"'聋哑老人之家'是个公益性好项目,不是罪犯勾结的产物。"

十津川觉得西本的理解过于肤浅。确实,那是个好项目,关口也对此赞不决口。但是事情并非如此简单,那个私家侦探曾拿着津村和神谷猛会面的照片进行过敲诈,和津村、神谷猛一起饮酒作乐的夜总会妈妈桑也被残酷地绞杀了。

想到此,十津川对龟井说道:"走,我们现在就去见见那个神田社长。"

俩人乘上警用吉普,直接去了神田社长的宅邸。神田带着一脸的倦容迎接了来客,"你们是为了'聋哑老人之家'的事才光临寒舍的吧?"

十津川道:"是啊。报上说资金链断了才停止了这个项目,是真的吗?"

神田沮丧地回答:"是真的。我实在是不得已而为之。原以为这是一个高尚的公益项目,一定会有许多赞助者。没想到在关键时刻,那些原来说好的人都一个个地溜走了,我只得含泪撤退,停止了这个项目。由于给社会各界带来了麻烦,我通过报纸表达了歉意,并给一直支持我的关口律师寄去了致歉信。"

神田的声音在颤抖。据说为了这个项目,他以豪宅做抵押向银行借了巨款。

十津川问:"那块建设用地的情况现在怎样了?"

"我不清楚,反正我已经撤退,不管这事了。"

"神田先生,你认识自治厅的津村局长吗?"

"津村?他是干什么的?"

"他是自治厅的地方整备局局长。你那块建设用地应该是公有土地吧?"

"是的,是市有土地。"

"如果是这样,出售市有土地不是津村局长一句话的事吗?"

神田回答:"如果是这样的话,我想神谷不动产公司的神谷社长应该是认识他的,神谷在这方面朋友很多,所以我把购买土地的事交给他办了。"

"难道你自己没有见过津村局长吗?"

"从没见过。"

龟井不解地问道:"你搞这样的项目总要靠银行贷款吧?总要有资产抵押吧?难道津村局长不会来贵公司了解情况吗?"

"这些都由神谷不动产办理了,项目的筹划也是由神谷君提供资金的。"

十津川又问:"你去过银座的'加代'夜总会吗?"

"因工作的关系,我经常去银座的夜总会,是否去过那儿不记得了。"

"你认识一个叫高桥的私家侦探吗?"

"不认识,我从来不和私家侦探打交道。"

虽然神田一一否认,十津川依然顺着自己的思路说下去,"那个私家侦探已经被人杀害了。他过去常去'加代'夜总会,现在夜总会的妈妈桑也被绞杀了。"

神田的显得很镇定,"真是太可怜了,但是我不认识那个侦探和妈妈桑。"

"你不是和神谷不动产的社长关系很密切吗?"

"这只是工作上的来往,谈不上什么私人关系。"

"你和他最初是什么时候认识的?"

"我在伊豆盖了别墅,在那儿购买土地和建造别墅曾得到他的关照,就这样开始了交往,那是从五年前开始的,也可以说做了五年的朋友。"

龟井问:"现在神田浩的情况怎样了?"

"他今天也去医院看护他母亲了,我觉得常子没有恢复意识是件幸事。"

十津川问："你为什么会这样想呢？"

"你难道不明白？如果她真是杀害友田夫妇的罪犯,现在处于昏迷状态不仅对她本人,对她儿子也是一种幸事吗？"

十津川又问："神田浩有没有参加南房总的'聋哑老人之家'的建设项目？"

神田一口否认,"没有。我不让他插手这个项目,他有其他工作要做。"

3

十津川和龟井走出神田的宅邸,两人不禁面面相觑。

十津川问："你不觉得有点奇怪吗？"

龟井迟疑了一下,"你是问神田浩工作的事？"

"是啊。神田浩的赘婿,自然也是他的接班人,而且他母亲秋本常子是个聋哑人,神田建设'聋哑人之家'就是考虑到常子的因素。而神田偏偏不让神田浩插手这个项目,这不是很奇怪吗？"

龟井也有同感："确实如此,就是不知道他这样做的理由。"

两人乘上了警用吉普车往回行驶。

十津川道："神田这个人很难捉摸,说的话里真真假假都有,让人疑窦丛生。"

龟井回答："我认为神田的话不可信,神田浩一定参加了这个项目。"

"说他参加这个项目也很自然,神田为什么要故意撒谎说他没参加呢？"

"也许不想让神田浩承担风险。"

"这个项目始终都是神田一人负责的,神田浩即使和这个项目有关也无碍大局,神田浩还算不上事业家,项目的成败不会伤及他的声誉。"

龟井无奈地耸耸肩,"你说得也有道理,神田为什么要这样做我也糊涂了。"

吉普车行驶没多久,龟井猛地一个急刹车。

他发现车子的前面正有一个熟悉的人影在匆匆地穿过马路。

十津川也看到了,急忙打开车窗,大声叫道:"关口先生!"

关口是个聋哑人,没有听到声音,与他同行的京子闻声回过头来。

十津川和龟井立即下了车。关口在京子的示意下也看到了他们,马上赶了过来,四个人站在马路边交谈起来。

关口对他们说,从报上看到神田公司中止这个项目的新闻后非常吃惊,正要去神田社长那儿了解事情的真相。

十津川说:"我们见过神田社长了,他表示要对关口先生说声对不起呢。"

关口皱起眉头,"就我个人而言,当然感到很遗憾,现在社会绝对需要'聋哑老人之家'这样的福利设施。眼下突然中止了,到底是为什么呢?"

"神田社长说是缺少后续资金才不得不中止的。"

"难道就是资金问题吗?"

双方谈论了一会儿,匆匆地分手告别。

十津川决定去看看南房总的现场,从东京站乘上了去馆山的列车。

到达后,由于天气十分炎热,两人赶紧乘上出租车驶向建筑工地。

不多一会儿,看到前方树立着一块巨大的写着"老人之家建设用地"的字牌,下面是空荡荡的建筑基台。两人下了车,站在基台边极目远眺,清楚地看到了房总海。此处视野极佳,后面是一大片栎树林,不时传来悦耳的鸟鸣声。

"真是个好地方啊!"十津川感叹道。

龟井提出建议:"我们去市政府问问,也许会知道些什么。"

于是,两人来到市政府,面见了市长。

市长对十津川两手一摊,"我也不清楚,这样的变故太突然了。"

十津川问:"'聋哑老人之家'的建设用土地是低价出售的吗?"

市长肯定回答:"是呀,因为这块地是用于社会公益事业,当然特别优惠。"

"这块土地的现状如何?"

"已经完成交易登记,我也不能再说什么了。"

十津川笑问:"你一定很想做建造'聋哑老人之家'之类的公益事业吧?"

市长点点头,"那当然,市里还动用税金铺设了通往那儿的自来水管道呢。"

十津川变了一个话题,"那块土地出售的时候,自治厅的津村局长来了吗?"

市长道:"出售市有土地要得到自治厅的认可,津村局长是否来记不清了。"

十津川觉得市长的回答很自然,不像有意隐瞒。他估计那个津村局长会来,即使不来也会打电话给市政府促成此事。

十津川又试探道:"在建项目中止了,市政府会收回那块土地吗?"

市长摇摇头,"回收出售的土地必须得到市议会的同意,一般不会回收。"说到这儿,市长称有事要处理就匆匆地告别,两人随即离开了市政府。

4

关口对"聋哑老人之家"的建设项目突然中止格外痛心。

他和京子来到神田社长的宅邸后,神田对他们深深地鞠躬致歉:"我辜负了大家的期望,实在对不起!"

尽管遗憾,已无法挽回。关口决定全身心地投入到秋本常子的案件中去。

秋本常子的病情毫无起色,关口甚至感到她是有意抗拒恢复意识。

去医院探望后,关口返回事务所,看到办公桌上放着同行中原律师发来的传真,上面写着:"下午三点,我在涩谷道玄坂的茶室等你,有话要说。"

关口不知道中原找自己有什么事,但他们曾经合作办过案子,关系很好。

于是,他带着京子,于下午三点准时到达了位于涩谷道玄坂的M茶室。

先到的中原扬手向关口打招呼。

关口落座后要了一杯咖啡,问道:"你要对我说什么?"

中原轻声回答:"有记者告诉我一个很有价值的情报。"

关口急切地发问:"和我有关系吗?"

"就是你以前宣扬的南房总'聋哑老人之家'的事。"

"那件事嘛,很遗憾,神田社长因资金不足已经中止了这个项目。"

"可是,听说就在同一个地方,现在正开始筹建度假村。"

"度假村?"

"是的。那儿离东京很近,通往市里的自来水管道也铺设好了,当地的市政府还铺好了去海岸的道路,在这样优越的条件下建造度假村是前所未有的。"

关口问:"度假村的建筑承包商是神谷不动产吗?"

中原摇摇头,"不是,是著名的大公司太阳建设。"

"哦,那不是全日本最有实力的专业建造度假村的大公司吗?"

"是啊,这家公司的资本金高达一千亿日元。"

"我还是不明白,那块土地的持有者不是神谷不动产吗?"

"听说神谷不动产已经把那块土地转让给太阳建设了。"

"当地的市政府没有异议吗?这块地原来是专门为建造'聋哑老人之家'而廉价出售的呀。"

"市政府好像也赞成这样的变动,因为开发度假村会给激活当地的经济。"

"明明说好是建造'聋哑老人之家'的,怎么会一下子变成度假村呢?"

"这是他们耍的'掉包计'。"中原肯定地回答。

"'掉包计'?"

"是啊,他们先说要建造'聋哑老人之家',由神田社长申请立项,得到了市政府廉价出售的这块市有土地。"

"那个神田社长也真是倒霉,中途缺少后续资金,欠了一屁股债才不得不中止项目。由于他的亲家母是个聋哑人,所以有了建造'聋哑老人之家'的想法。如果他有资金保证的话,那个'聋哑老人之家'也许已经开建了。"

中原发出了嘻嘻的笑声,"你这个人啊,当律师很有才能,但是政治嗅觉太差。说什么为聋哑人建造'聋哑老人之家',分明是联手欺诈嘛。"

"难道连神田社长也参与了你说的那个'掉包计'吗?"

"他不但参与了,估计还是个主要角色呢。神田和神谷通过精心策划,用金钱贿赂津村局长,捏造了一个建造'聋哑老人之家'的神话。说什么神田的亲家是聋哑人,只不过给这个神话增添一点真实性的色彩而已。"

关口听了大惊,"那个黑幕里也有太阳建设吗?"

中原撇了撇嘴,"有也很自然,那块南房总的土地太阳建设垂涎已久了,他们原就打算买下了附近的海岸,在那块土地上建造度假村。

"为什么一开始没有成功呢?"

"因为当地的市议会极力反对。太阳建设名声不佳,而且还要压价强买。"

"如此说来,他们就捏造了建造'聋哑老人之家'的神话?"

"他们确实想得很周密,有了这样一个项目,市议会就无法反对了。加之连自治厅的局长都帮着说好话,这事就很顺利地通过了。不是说这是高尚的社会福利事业吗?市政府不仅廉价出售了这块土地,甚至动用市里的资金铺设自来水管道,修筑从海岸到那儿的道路。待一切设施完备之后,那个神田社长就借口没有后续资金,突然中止项目,假惺惺地向社会各界致歉。"

"……"

"突然中止项目的举动使当地政府陷入了困境。他们先期动用了大量的资金搞基础建设,没想到那个项目竟然半途下马了,这不是釜底抽薪吗?"

关口终于开了窍,"那个太阳建设就以救世主的面目登场了,对吗?"

"是的。在这种情况下,即使太阳建设要建度假村他们也只好同意。况且搞这样的项目还给市政府带来税收,比建造'聋哑老人之家'更赚钱。"

"那么说,神田社长借口资金困难而中止项目是弥天大谎喽?"

"最初他也动用了一部分资金,包括给津村局长的贿赂金、初期建设的资金等等,所以他一开始不是到处奔走筹集资金吗?当然,现在这些问题都已经解决了。太阳建设必然会全部支付前期的资金,说不定神田社长还有赚头呢。"

关口听了连连叹气,"我真不明白,神田社长为什么要干这种肮脏的事呢?"

中原一语中的,"这不奇怪,因为他公司的资金出现了问题。"

"是吗?"

"他的公司出现了巨额赤字,面临着破产的厄运,所以千方百计地想通过这个项目给太阳建设带来甜头,以便今后可承接太阳建设下发的业务。太阳建设规模巨大,经营着各种事业,所以神田的如意算盘的确打得很精。"

"现在清楚了,真正的黑幕推手是大企业太阳建设。既然如此,太阳建设一开始就出资不就完了吗?"

中原轻轻地摆摆手,"太阳建设的社长名叫大泽丰,此人疑心很重,对谁都不相信,绝不会一开始就把钱交给神田的,一则他不清楚神田能否按自己的思路行动,再则也不清楚当地市政府能否廉价出售那块土地。只有到神田顺利地把那块土地买到手后,他才会放心地支付相关资金。"

"我懂了。"关口终于恍然大悟。

5

与此同时,十津川和龟井也得到了同样的情报:那块土地已转让给太阳建设,改变了原来的性质,用于建设豪华的度假村。

龟井很愤怒,"真卑鄙,从一开始就已经精心策划好了。"

十津川问:"度假村开发热还没结束吗?"

"好像还在继续,那些环境好的地块依然非常抢手。"

"哦,原来如此。那个地方确实不错,离东京很近,又有海岸线,交通非常方便。现在却让太阳建设占据了,充满着铜臭气。"十津川感到十分惋惜。

"那帮人一开始就没打算建造'聋哑老人之家'。"龟井的头脑十分冷静。

"你说的那帮人就是神田、神谷和自治厅的津村局长等人,他们互相勾结,狼狈为奸,所谓建造'聋哑老人之家'不过是个幌子。"

"那些眼巴巴地盼望着实现梦想的聋哑人太可怜了,那个律师也是……"

"你是指关口律师吗?"

"是啊,他不是最企盼实现这个梦想吗?我想他现在一定大光其火了。"

"如果这真是个利益圈子,会影响到我们现在的搜查吗?"十津川这样说着,陷入了沉思。他虽然觉得关口律师上当受骗值得同情,但自己作为一个刑事警官,最关注的是对当下案件搜查所带来的影响。

龟井明白十津川的心思,直率地说道:"看来私家侦探高桥已经掌握了神谷和津村局长互相勾结的秘密,夜总会妈妈桑被害也许出于同样的原因。"

十津川道:"你说得很对。外面都在传言太阳建设采取非法的手段,以全日本最低的价格买下了那块度假村的用地。虽然大泽社长断然否定,但他们毕竟做贼心虚,为了防止泄密,不惜杀掉那些掌握了内情进行敲诈的人。"

接着,他又问龟井:"你觉得友田夫妇的被害与他们有关吗?"

龟井摇摇头，"我觉得他们的死和这起案件没有关系，没有必要重新审案。"

"真的没必要吗？"

"是的。"龟井充满着自信，"我的意见是不要再动秋本常子的案件了，还是把主要精力放在后面发生的案件上吧。"

十津川稍思片刻，表示同意，"好吧，我们先去会会那个神田社长，他是同一个利益圈的人。也许询问的效果不会太大，他一定会矢口否认的。"

两人再次来到神田的宅邸。

神田愁眉苦脸地接待了他们，"又有什么事吗？我现在实在没办法，马上就得出去向债主还债了。"

十津川开门见山："听说那块地已转为太阳建设的度假村用地了，是真的？"

神田依然愁眉不展，"我也听说了，但和我没有一点关系。我是个投资失败者，现在把我心念已久的'聋哑老人之家'改为度假村，真是太遗憾了。"

"你真的感到遗憾吗？"

神田猛地绷着脸，警惕地反问："你说什么？"

"外面都传言你和神谷不动产当初就没有真的想建造'聋哑老人之家'。"

"太放肆了，你们拿毫无根据的谣言来侮辱我，我要上法庭告你们！"

"你和太阳建设的人往来密切，有没有这事？"

"绝对没有。现在我必须出去还款，对不起！"神田说着站起身来。

"那好吧，我们先告辞了！"十津川推了一把龟井，起身离开了神田的宅邸。

十津川一上车就用车载无线电话通知西本："神田就要出门了，我和龟井先开车跟踪，后面由你们接手。"

话音刚落，只见神田开着一辆白色的奔驰车驶出了宅门。

于是，十津川和龟井立刻开着那辆警用吉普紧紧地尾随而去。

第九章

1

神田的车子向西行驶。即使十津川乘坐的警用吉普逐渐接近也没有加快速度，这表明此时的神田很恐慌，根本没时间关注车外的情况。

神田车行的目的地是箱根。他的车进入了仙石原附近的一座风格雅致的别墅，那幢日式建筑的大门上没有挂名牌。

此时，西本等人的车子也到了。十津川要他们赶紧去附近的派出所调查这幢建筑的主人。很快，调查的结果出来了，这幢建筑是太阳建设的员工宿舍。

但是大门外并没有挂着宿舍的名牌，也许是太阳建设为了逃避税收，故意用员工宿舍的名义登记的吧。

十津川等人登上宿舍后面的小山，看清了四周围着竹篱笆的宿舍区的外貌。

那儿面积宽广，庭院中引入了外面的一条小河，四处种植了一簇簇的小竹林。样式看似简约，又带着奢华的遗韵，也许这儿过去是大资本家的别墅吧。

庭院里还有一栋像是茶室的小屋。神田正和一个小个子的男子在小屋里相对而坐。那个穿着和服的男子显得很神秘，只见背影，看不到他的面容。

"我想要一台带变焦距透镜的摄像机。"十津川轻轻地说了一声。

龟井立刻开车到当地的警署借了摄像机和一个双筒望远镜。

"现在有什么动静吗?"龟井把望远镜交给十津川后问道。

"屋角有一个电话,有人正在打电话。"十津川拿着望远镜一边看一边回答。

"是神田吗?"

"不,就是那个像是主人的男子。神田在看手表,不知是在算计回去的时间还是等待谁来见面。"十津川又道,"龟井,你快拿摄像机拍摄两个人的脸。"

"是脸部吗?"

"是啊。关口能根据口形的变化读懂说的话语,你拍下来后带回去请教他。"

"明白!"龟井精神抖擞地回答。

过了两个小时,藏在大门外负责监视的西本通过对讲机报告:"现在有车开进来,客人是自治厅的津村局长。"

十津川微笑道:"哦,真热闹,连政府官员都来了。"

不一会儿,津村进入了那间茶室。

拿着望远镜的十津川紧张地监视着,连嘴都歪成了"へ"字形。

又过了一个小时,神谷不动产的社长神谷也到了茶室。

"该来的人都来了。"十津川暗忖,"如此看来,那个穿着和服、背对着的男子一定是太阳建设的社长大泽丰了。"

茶室里亮起了灯光。

虽然听不到说话的声音,但从他们的表情上看,一定在讨论很棘手的难题。

过了一段时间,佣人送来了晚餐,在座者的表情似乎缓和起来。

用餐期间,大泽丰打了几次电话,显得有些慌张。十津川不由得产生了新的疑问:难道他们已经察觉到警方的动向,正在讨论善后之策吗?

"我已经整整拍了一大盒带子。"龟井一边换上新的摄像带,一边说道。

十津川命令道:"你赶快带着拍好的带子去找关口。"

"警长一个人在这儿不要紧吗?"龟井不免有些担心。

"怕什么,我已经活过四十岁了。"十津川无畏地笑道。

2

龟井带着那盒拍好的录相带赶紧驾车向小田原驶去。现在必须抓紧时间,与其直接开车回东京,不如先赶到小田原,然后再乘新干线列车更快捷。

到东京下了列车,他急忙乘上出租车,飞也似的直奔关口律师事务所。

由于事先在小田原打电话联系过,关口和京子已早早地在事务所恭候。

见了面后,龟井对他们讲述了事情的经过,又道:"只有K铁路的德田部长没有来,我感到其他人都来了,他们好像在讨论今后的事,究竟在说什么不知道。所以想拜托你们看一下他们的口形变化,了解说话的内容。"

关口立刻用手语表示:"我来试试看吧。"

于是,关口把龟井带来的录相放带入录相机里播映,一边解读,一边把说话的内容记在纸上。

最初是神田和太阳建设社长两人的谈话。由于太阳建设社长一直背着身体,关口无法看到他的脸,所以记下的全是神田一人的话语。

——我按照太阳建设的指示行事,绝对没有对外透露过,请您放心。

(神田闭口的时候想必是在听太阳建设社长说话。)

——是,我马上让女儿、女婿出国学习一段时间。

——我没做过那种事。

——那是谁干的?

——买土地需要大量的资金,所以我指示女婿要尽量多筹集资金。

这时,关口突然停下笔来,神田依然在画面上喋喋不休地说着什么。

"你为什么不写啦?"龟井惊讶地问道。

关口通过京子的翻译,这样回答:"这一段是无聊的家常话,我就不翻译了。"

尽管如此,龟井还是将信将疑,但是他看不懂唇语,对此毫无办法,只得说了一句,"待会就会出现重大的场面,请你再费神看一下。"

果然,神谷和自治厅的津村局长来了之后,谈话的内容引起关口的兴趣,他一字不差地全部记录下来。

津村在反复地唠叨:"我只希望这事与我无关!"他显然是个既贪财又想明哲保身的家伙。与此对比,神谷的语气比较轻佻:"我们没干什么坏事,而是做了一件活跃当地经济的大好事,应该受到感谢才对。"

神田还是忧心忡忡:"你这样的自我表扬没用,警方已经全面介入了调查,我早说过,杀高桥的主意真是太愚蠢了。"

津村局长和神谷急忙异口同声地加以撇清:"我们和那件事没有关系。"

看到关口记下了如此宝贵的信息,龟井喜不自禁。至少表明他们在高桥凶杀案上脱不了干系,而且人人很恐慌,生怕担上这个罪名。龟井对关口谢道:"同事们还都留在箱根,我得马上赶过去,请把那盒录相带还给我。"

关口迟疑了一下,"你能否把这盒带子先借我用一下。"

龟井感到很惊奇,"那为什么?"

"我想再看一遍,也许会有新的发现,这样就能及时告知你们了。"

龟井提出了折中的办法:"我先把录像带带回去,马上把复制带借给你。"

龟井走后,关口依然在深思。京子关切地问道:"先生,您怎么啦?"

关口定了定神,突然问京子:"你不能根据口形变化读取唇语吗?"

京子赧然一笑,"是呀,我没有受过这方面的训练。"

"还是这样好。"关口随意地点头了点头,又闭口不语了。

"先生,您不要老闷着,有什么事直说无妨。"京子心直口快地说道。

"这和你没关系。"

"您放心吧,无论说什么我都会严守秘密的。"

"不要多说了,这是我自己的问题。"关口的脸上露出可怕的神情。

"要是这样说的话,您的问题也是我的问题。我现在是和先生一起办理这几件案子,不是一个机械性的手语翻译。"京子的回答很坦然。

关口微笑道:"你说得有理,算我输了。"

"难道是神田社长说的话你没有全部写出来吗?"

"是啊,那些话我没有写给警察看。神田是这样说的,'为了廉价得到那块地，必须要花钱招待好市政府的官员，所以我对女婿说，你也是神田家的一员，必须想办法去筹集一笔资金。出于利益上的考虑，女婿确实筹集了相当大的款项。后来我听说了亲家母帮佣的东家友田夫妇被害的消息，不由得惊出一身冷汗，如果我的女婿与此案有关，必须让他尽快离开，绝不能牵连到我。"

"您认为是秋本常子的儿子杀了友田夫妇吗？"

"这个还不武断地下结论。神田要女婿去筹集资金，也许是要他去想法求贷吧。那些公开的银行和信贷机构神田一定都去过了，他的女婿无法再走这条路。说实在，神田浩虽然是社长的女婿，但并没有实质性的地位，他要去贷款的地方大抵是些专为公司职员设置的小额贷款处，最多只能拿到几百万日元的借款。而神田社长要买下南房总的那块地，至少要花费上亿日元，他女婿只拿二三百万日元去交差是绝对不行的。所以，神田浩无论如何要筹集一千万日元的款项。"

"能拥有这么多资金的人家还不是友田夫妇吗？"

"是啊，在神田浩认识的范围内，也只有友田夫妇了。"

京子道："尽管如此，也不能断言就是他杀害了友田夫妇。"

关口同意："你说得对，现在当然不能认定杀害友田夫妇的凶手就是神田浩。不过，神田社长对他说过'你是神田家的一员，必须设法筹集一笔资金。'神田浩的妻子想必也说过类似的话，这对神田浩无疑带来了极大的压力。一方面，作为女婿，他必须搞到那笔钱，另一方面，自己只是个普通职员，母亲又在外面帮佣，家里很穷，只能指望友田夫妇能借给他这笔钱。"

"他会正式向友田提出借钱的事吗？"

"我想最初一定是这样的。"

"友田会同意吗？"

"友田虽然很有钱，但非常吝啬，绝不会轻易把钱借给一个穷小子的。"

"神田浩的母亲在友田家帮佣,难道友田也不给她母亲面子吗?"

"对友田夫妇来说,秋本常子只不过是个不会说话的劳动工具而已。也许神田浩将这一点作为唯一的借款希望,他没想到反而产生了逆反的效果。"

"那神田浩该怎样办呢?神田社长不是明确要求女婿去筹集资金吗?"

"这就是问题的关键。能从别处借到钱自然好,但他没有这个门路……"

京子鼓励道:"您不要闷在房间里,我们还是出去调查一下才好。"

关口道:"友田夫妇已经死了,即使神田浩是凶手,也不可能说出真相。"

京子固执己见:"尽管他不会坦白,但通过当面问询,至少会有某种反应。"

这句话打动了关口。不知为何,他的头脑里突然闪现出秋本常子的面容。

最初,关口只把她看作一个柔弱的老女人、耳朵听不见,两手满是起皱的老皮,像是被命运无情抛弃的可怜虫,所以他出于对常子的同情,义不容辞地答应当她的辩护律师。现在才明白自己完全看错了,常子不但始终保持着旺盛的斗志,就是发生了凶杀案后也很有头脑,面对审讯坚持不回答就是最好的应对策略。也许是常子杀了友田夫妇,是为了庇护儿子才这么干的。她的突然自杀就是表明为了保护儿子,保守秘密,甘愿以死谢罪的决心。

"我真傻,竟然为这种女人担当辩护律师。"关口不无悔意地自语道。

他心里很清楚,现在的当务之急就是查清事件的真相。

于是,他带着京子立刻离开事务所,去神田社长的宅邸面询神田浩。他知道神田社长不在家,有事去箱根了。关口和神田浩见过几次面,觉得他是一个具有现代感的、身材高大的美男子。但又总感到他似乎有一种难以捉摸的不安表情。这也许是他在神田家地位不高的原因吧。

双方见了面后,开始了开诚布公的谈话。

神田浩谨慎地说道:"该说的话我都说了,再也没有什么好谈的。"

关口的脸色倏地一变,"这次来是想了解南房总那块土地的事。"

神田表示歉意地笑道:"我没有这个能力建造那个'聋哑老人之家'。"

"这个我知道。我问你,神田社长买下那块土地是不是需要大量的资金?"

"那当然。"

"你有没有协助他去筹集资金?"

"确实协助过,我是神田家的一员嘛。"

"你筹集了多少资金?"

"我的能力有限,筹集的资金不多。"

"你的岳父不是说你筹集了相当多的资金吗?"

"是吗?……"神田浩在刹那间面露喜色,但很快又用戒备的眼光看着关口,"岳父过奖了。其实我筹集的资金微不足道。"

"具体的金额到底有多少?一千万?二千万?还是一个亿?"

"请原谅,我不想公开具体的金额。"

"你是向银行借款的吧?"

"是啊,是这么回事。"

"是哪家银行?"

"和我们公司有业务来往的 M 银行。"

"你没记错吧?"

"您为什么老是纠缠着这个问题呢?"

"因为我是你母亲的辩护律师,有权利知道这些事,你必须告诉我。"

神田浩不安地看着关口,再也不说话了。

走出神田社长的宅邸,关口对京子狡黠地笑了,"他说的是一派胡言!"

"你是指他向银行借款的事吗?"

"是的。如果银行肯借钱给他们公司,神田社长就不会叫他去筹集资金了。与他相比,银行应该更相信神田社长。"

京子问:"那我们怎么去银行调查呢?现在已到了银行打烊的时间。"

关口道:"M 银行就不要去调查了,有问题的倒是其他的金融机构。我们要对这些机构进行调查。当然,那些有名的机构也不必调查。我想那些专对公司职员的小额贷款机构应该还在营业吧?"

"是的。"

"那我们去那儿调查一下,看看神田浩究竟去了哪几家。"

于是,关口带着京子去那些小额贷款机构调查,发现神田浩在两家机构各借了五十万日元。据说对神田浩这类公司职员的借款上限就是五十万日元。关口敏锐地发现了其中的问题,建造"聋哑老人之家"的项目需要数亿日元之巨,神田浩筹集到区区一百万日元无疑是杯水车薪。若真是这样,神田社长根本用不着特意对太阳建设的社长提及自己女婿筹集资金的问题。

关口问京子:"除了那些小额贷款的机构,神田浩还会从哪儿借到钱呢?"

京子肯定地回答:"他去小额贷款机构就不会去银行,一定向有钱人借款。"

关口同意她的意见,"我也一样,有事先向有钱的朋友借款。"

"问题是他究竟有没有这样的富人朋友?这个富人肯不肯借钱给他?"

关口看了看手表,说道:"现在已经太晚了,我们明天再进行调查吧。"

3

龟井乘着新干线列车再次返回箱根。

见了十津川,他急切地问道:"那帮人的情况怎样了?"

"看来他们今晚要这儿过夜了。碰到现在这样严重的事态,他们肯定也很紧张。"十津川说到这儿,反问道,"他们谈话的内容搞清楚了吗?"

龟井笑答:"大致弄明白了,他们自己承认杀了私家侦探高桥。"

"果然是他们干的?"

"那是关口根据对方的口形变化读取的唇语。不过,在谈到一半的时候,关口突然停止记录,说是在聊一些和案情无关的家常话。"

"我才不相信呢。"

"我也不相信,所以请别的聋哑人解读了部分的内容。"

"是与案情无关的家常话吗?"

龟井道:"不是家常话,是与案情极其有关的段落。神田社长是这样说的,为了廉价得到那块土地,必须要花钱招待好市政府的官员,所以我对女婿说,'你也是神田家的一员,必须想办法去筹集一笔资金。'出于利益上的考虑,女婿确实筹集了相当大的款项。后来我听说亲家母帮佣的东家友田夫妇被害的消息,不由得惊出一身冷汗,如果我的女婿与此案有关,必须让他尽快离开,绝不能牵连到我。"

十津川听后说了一声:"哦,这样说倒是蛮有趣的。"

龟井道:"也许正是这个原因,关口突然中断了读取唇语。"

十津川问:"如此说来,难道是神田浩为了夺取金钱才杀了友田夫妇吗?"

龟井建议道:"请你命令留在东京的同事们赶快去调查这件事吧。"

这时,他们发现那间茶室已经拉起了窗帘,外面的人无法窥见屋内的情况。

十津川在黑暗中有些沮丧地说道:"现在无法再用摄像机了。"

龟井道:"我们用窃听器试试吧。"

"窃听器?"

"是啊,警视厅里一直放着美国进口的窃听器,是美国警察常用的设备,据说性能非常优良。"龟井从随身带来的一个专用包里拿出那个美式窃听器。

那个装置像大炮一样,有着长长的传声器,指向性特别强。龟井先把传声器对准茶室的方向,然后用手调节着旋钮。

一开始,传声器里传来轻微的声音,接着,声音逐渐响了起来。龟井戴着耳机一边听,一边录音。听了一会儿,他把耳机给十津川戴,十津川的耳边立刻就传来了那些人的说话声:

——"刚才我家里来了电话,说那个关口律师又来登门问询了,问我女婿在购买那块土地的时候,是用什么方法筹集资金的。"

——"那个律师问这个问题有什么目的?"

——"不清楚,只是对筹集资金的方法问个不停。"

——"难道你在购买土地的时候做过什么犯法的事吗?"

——"不,我什么都没做,要说有问题,也是我的女婿神田浩干的。我那时鼓励他去筹集资金,没想到竟然筹集了两千万日元,令我刮目相看。"

——"会不会是他谋财害命才得到了那笔钱?"

——"这个我倒没想过。"

——"神田君,我们现在被警察盯上了,主要是私家侦探高桥的被害事件。如果又牵涉到一起杀人事件那就麻烦大了,所以我的意见是赶快灭了他。"

——"是啊,危险的苗子一露头就该灭了。你的女儿真的很爱她的丈夫吗?"

——"我的女儿过去一直独身,情绪很坏,所以就急着嫁人了。她的择偶标准是长相帅气,心地善良,待自己要好,结果就选中了他。但没想到我的女婿有个聋哑人的母亲,在这次购买土地的时候派上了用场。"

——"他们两个人能轻易地离婚吗?"

——"我看不妥,危险的苗子还是赶快灭了好。"

——"我明白,明天就和女儿说。"

——"那个家伙也叫他最近安分一点,现在不要给警察增加介入的口实。"

——"他怎么安排?"

——"这两三天内让他到海外去避一下风头。"

——"他能听话吗?"

——"那个人只要给他钱什么都好办。"

——"我和这个案子没关系,在此要申明一下。"

——"你这个当政府官员的胆子就是小,一碰到事情就想开溜。"

——"反正我对这事一点都不知道。"

——"知道了,你对这事不知情。"

这时,传声器里的声音突然中断了。十津川急忙调节传声器的前端部分,还是听不到声音,也许那伙人转移到其他房间去了。

十津川脱下耳机,对龟井说:"刚才听到的那些话很有价值。"

"真的吗?"

"是的,待会儿把录音带倒回来重新听一遍,也许会更有价值。不过,根据谈话分析,那桩土地买卖的手续似乎是合法的,我们现在不便出手。"

"那太遗憾了,对方的手法确实很高明。"

"我们现在的调查重点还是杀害私家侦探和友田夫妇的两起凶杀案。"

龟井道:"杀害私家侦探的凶手也是他们一伙的,从录像中已得到了确认。"

十津川道:"现在的关键是查清是谁下的命令?凶手到底是谁?谈话中,有一个人问'他怎么安排?'另一个人回答,'这两三天内让他到海外去避一下风头。'"

"那个他就是凶手吗?"

"我想应该是的。"

"这么说,那个凶手在这两三天内就要逃到海外去了。"

"我们绝不能让他溜走。可惜不知道他是谁,现在在什么地方。"

"刚才是谁提起凶手的?"

"这个还不清楚,只有待会儿听了录音带后再做判断了。"

"只要知道了说话人是谁,就能大致判断出他和凶手的关系。"

"是啊,我们回去后听了录音带再做推理和判断吧。"

十津川说完后,命令西本和日下两名刑警继续留在原地监听,自己和龟井即刻返回东京。

一回到东京的搜查本部,十津川马上开始重新听取那盘录音带,重点是关于"那个他"和说"这两三天内让他到海外去避一下风头"的那个人的名字。

十津川知道在场的四个人：神田社长、神谷不动产社长、太阳建设社长大泽丰、自治厅的津村局长。

那个津村局长说"我和这个案子没关系"，所以十津川首先排除了他。

其次他排除了神田社长，因为和他见过几次面，明显不像他的声音。

剩下的只有神谷不动产社长神谷猛和太阳建设社长大泽丰两人。究竟是谁呢？十津川沉思了一会儿，终于想出了一个简单的好办法。

他很快从电话簿上查到了箱根的那家太阳建设员工宿舍的电话号码，以警视厅十津川的名义直接打电话过去，要求和太阳建设社长大泽丰通话。

等了五六分钟，电话里传来一个男子的声音："我是大泽，有何贵干？"

"你就是大泽先生？"十津川谨慎地确认道。

"正是敝人。请问找我有什么事？"

"我想了解一下贵公司在南房总建造度假村的事。"

"那和你们警察没有关系。"

"好吧。"十津川简单地回了一句，挂上了电话。

"那个声音不像大泽丰，只能是神谷猛了。"十津川得出了最后的结论。

"就是他吗？"龟井还有些不相信。

"是他。看来是神谷猛雇凶杀害了私家侦探高桥。"

"那么我们如何去逮捕那个准备潜逃海外的凶手呢？"龟井焦急地发问。

"我听到过一些神谷猛的传闻。据说他和暴力团有来往,曾通过他们给其他不动产公司施加压力,而且他过去也是S组成员。"十津川悠悠地说道。

"难道凶手是这条线上的人?"

"有可能。我们就请专门负责暴力团的搜查四课协助找出那个凶手。"

"我马上去和搜查四课联系。"性急的龟井说完就离开了办公室。

十津川一人留在办公室里,再次听着那盒录音带。他现在最关心的是此案和友田夫妇凶杀案有何关系。录音中,神田说起他的女婿有可能杀了友田夫妇,盗取了两千万日元。如果秋本常子也知道这事,也许就失了继续活下去的勇气,所以被捕后一言不发,只想通过自杀了结生命。

"真难呢!"十津川暗自叹息。听了神田的录音后,照理要对那个案件进行再调查,这样一来,秋本常子不是更不想活了吗? 如果她是无辜的,就有可能证明她的儿子有罪,这对她来说是多么残酷的事。

过了三个小时,龟井返回办公室。十津川一看他的表情就觉得有戏了。

龟井兴奋地说道:"据调查,S组的干部中有个叫大月弘的四十岁中年男子,不过在两天前被S组开除了。"说着,龟井把大月弘的照片递给十津川。

"开除?"十津川顿时来了兴趣。

"S组对违规的组员都会毫不留情地开除,最近开除了大月弘。"

"为什么要开除他?"

"S组的组长说,他和组里没有商量就自愿当神谷猛的跑腿。"

"他真的没有和组里商量过吗?"十津川并不相信。

"我觉得那个组长完全在撒谎。大月弘当神谷猛的跑腿一定是得到组里同意的,他按比例提成的钱也必然上缴给 S 组的。"龟井也持同样的看法。

十津川道:"也许 S 组知道警方正在调查神谷不动产,就把大月弘开除了。"

龟井附和:"是啊,暴力团为求自保,才不得已开除大月弘的。"

"现在有没有找到大月弘杀害高桥的证据?"十津川看着照片问龟井。

"还没有找到证据。不过大月弘为神谷猛跑腿是不争的事实。我估计大月弘就是在神谷猛的指使下杀害了高桥。据搜查四课的调查,大月弘有杀人的前科,曾因杀害两人被判刑八年关在宫城监狱里。"

"如果大月弘真是神谷猛说的那个他,肯定会立刻潜逃的。"

"可是我们到现在也没找到大月弘杀害高桥的证据。"

十津川又问:"大月弘是怎样的性格?"

"听说他很有心计,非常狡猾。一般人无法猜透他的心思。"

"既然如此,他杀害高桥后一定不会留痕迹,我们很难在现场找到证据。"

"是啊。"

"他有找女人消遣的习惯吗?"

"听说他不喜欢随便找女人玩,所以通过女人来攻破他也很难。"

十津川有些无奈:"真是个心机很深的人,很讲究保护自己的防卫手段呢。"

龟井也有同感:"这种冷酷无情的人坏事做得越多,越懂得保护自己。"

十津川想了一下,又问:"大月弘为了确保自己的利益和安全,有没有采取他认为有效的措施?"

龟井直率地回答:"应该有的。我想他首先会把神谷委托他去杀害高桥的谈话录了音,或者还会和神谷猛签订交易合同。"

"合同？"

"对,合同。只要合同上有神谷猛的签名,他的安全就能得到保证,而且还会源源不断地继续得到神谷猛支付的封口费。"

接着,龟井又透露了一个情况：大月弘为了保证今后的生活,特意在四谷开了一家名为"大月兴业"的小公司。他自任社长,另聘了一个办事员。

十津川觉得这个情况很重要,立刻派清水和田中前去秘密监视。

4

关口在京子和幸子的协助下,对神田浩的交友关系进行了深入的调查,发现神田浩在高中时期有几个关系很好的朋友。关口首先排除了那些家境一般的人,因为他们不会借给神田浩大笔的资金。最后只找到两人是资本家的子女,但是调查的结果令他大失所望。他们承认神田浩来借过钱,都被拒绝了。

接着,他们又对神田浩初中时代的同学和小时候的邻居进行了调查,发现有三人是资本家的子女。但是调查的结果也一样,都说没有借钱给他。

其中有一个同学的陈述引起了关口的注意。他叫高木,由于继承了家业,现在是一家有着八十五名员工的公司社长。他对关口是这样说的："一天,神田浩突然来找我,跪在地上恳求借他一千万日元,着实让我吓了一跳。"

关口问："你是怎样应付的呢？"

"我公司现在的状况也不景气,所以就一口回绝了。"

"他没对你说起借一千万日元的用处吗？"

"他说是为了顾及一个男人的的面子才不得已这样做的。"

"是吗?"

"他说的男人的面子我不懂,也许是参与赌博,急着还债的关系吧。"

"你知道他现在的情况吗?"

"我只知道上初中的时的事情。"

"他是个怎样的学生?"

"应该还算是个好学生吧。"高木沉吟着说道,"就是太认死理。"

"你说他太认死理,是怎么回事?"

"对于同学随口说说的事他也很认真,一旦没有兑现会生气。"

"我明白了。谢谢你!"关口说完后和高木握手告别。

他现在终于明白,神田浩的性格和其母亲秋本常子完全是一脉相承的。想到此,关口的心情越发沉重。神田浩成了神田家的赘婿后并没有改变原来的性格,反而更加偏执了。他的岳父对他说,"你也是神田家的一员,应该去筹集一笔资金。"想必他一定怀着比常人更大的压力接受了这项任务。由于他本身的性格缺陷,加上所需资金的巨大,迫使他不断地向朋友和同学恳求借款,但都没有成功。在这种情况下,他会怎么办呢?关口尽量朝坏的方面想象。

这个四处碰壁的神田浩,难道为了保住神田家族一员的面子,不惜杀了友田夫妇,盗取了他们家的巨额钱财来筹集资金吗?

第十章

1

津村局长突然向自治厅提交了辞呈。

据说是为了参加三个月后的参议员选举,他被家乡千叶县推选为候选人的缘故。东京的多家报纸都刊登了他激流勇退的声明:"我自进入自治厅工作以来,一直在不遗余力地为拥护和确立地方自治而努力工作。在职期间,推行实施了好几部有关地方自治的法律条文。我认为,没有地方自治,就没有民主主义。此刻,我决意为后辈让贤,辞去自治厅的公职,为国家政治竭尽微薄之力……"

看了这篇冠冕堂皇的"声明"后,十津川却别有想法:"这家伙准备溜了!"

过去常有这样的情况:当一艘大船即将倾覆的时候,那些躲在船舱里偷食的老鼠就会一起跑出来拼命逃窜。现在的情况不正是这样吗?

十津川看着报上"声明",心潮起落,意念难平。绝不能让他溜走!他和神田、神谷、大泽三人勾结在一起,完全是集团犯罪。只要逮捕了大月弘,让他供出谁是指使者,就能把包括津村在内的四个主犯一网打尽,并向法庭起诉他们。

但是,目前的形势不容乐观。即使逮捕了大月弘,也未必能得到所想要的口供。一则警方目前并没有掌握大月弘杀害高桥的确凿证据,再者大月弘是原暴力团成员,有杀人前科,绝不会轻易就范,乖乖地老实招供。

面对这种形势,十津川不急着马上对大月弘动手,认为派西本等人暗中监视是明智的举措。果然,没过多久,西本就给十津川打来电话:"有迹象表明大月弘似乎向那四个人提出索要巨额生活费的要求。"

十津川不解地问道:"大月弘杀害高桥的时候,不是接受了相应的报酬吗?"

"我也这么想的。不过,从大月的角度来看,现在警察盯得这么紧,自己将不得不亡命海外,为了维持巨额的开销,他必须向四人索要巨额的生活费。"

"你这个消息可靠吗?"

"我们发现神谷和神田已各自从银行里提取了一千万日元的现金。"

"是吗?大泽和津村有没有异样的举动?"

"现在还没有从银行提款的迹象。"

"你们要继续监视,不得掉以轻心!"十津川说完后挂上了电话。

龟井道:"我觉得除了津村,其他三人一定会按大月的要求乖乖付款的。"

十津川点点头,"也许是这样的,津村会觉得自己没有雇凶杀人,与己无关。"

"看来那四个人之间开始出现了分裂,这倒很有意思。"龟井接着又问,"警长,怎么还不对那个家伙动手呢?"

"那个家伙?哦,你是指秋本常子的儿子神田浩吧?"

"是的。神田浩杀害友田夫妇的嫌疑最大,必须立即采取措施。"

"那件事我们当然要管,一旦查明他是罪犯就立即逮捕。不过,现在还不急,最好的办法还是先委托关口调查。"

"关口是秋本常子的辩护律师,会对辩护人的儿子朝坏的方面调查吗?"

"刚才,我接到了关口通过京子打来的电话,说'我也想知道案件的真相'。"

"问题是他会积极地去调查真相吗?"龟井还是心存疑虑。

"如果不信守承诺,我一定会立即逮捕神田浩。现在还是先让他去调查吧。"

2

那天夜晚,关口带着京子再次见了神田浩。

神田浩一见关口,就担心地问道:"妈妈的病情是否恶化了?"

关口平静地回答:"没有,她的病情没有变化。"

"您找我有什么事?"

"是关于你自己的事。我想和你单独谈谈。"关口似乎注意到有人在暗中偷听,也许是神田浩的妻子。

"我们去外面谈吧。"神田浩说着带他们走出家门,来到附近的一家茶室。

三人各要了一杯咖啡,关口通过京子直率地问神田浩:"老实告诉我,你真的认为是你母亲杀害了友田夫妇吗?"

神田浩摇摇头,"我根本不相信,所以才请您当她的辩护律师。"

关口的口气很严肃,"我作为律师,当然想帮助你母亲,证明她无罪。但是,这也需要你母亲和你的配合才行。"

神田浩有些激动地说道:"您有什么话请尽管说吧。"

关口的神色越发凝重:"对我来说,现在最重要的是找到真正的凶手。只要找到他,你母亲不用出庭就宣告她的案子结束了。"

"难道您在查找那个真凶吗?"

"是啊,正在查找,你有什么线索吗?"

"很遗憾,我没有。"

关口道:"我想对这个案子做一番推理,你想听吗?"

神田浩面露笑容,"那当然好了,我洗耳恭听。"

"我想这个案件是从神田社长准备建造'聋哑老人之家'之后才开始的。"

神田浩默不作声,只是紧张地听着。

关口继续说下去,"没想到这个计划最后失败了。那块建造'聋哑老人之家'的用地改为建造度假村的项目。现在看来,这事从最初开始就有预谋的。由于神田社长显示了他要建造'聋哑老人之家'的决心,所以得到当地政府的许可,有机会以低价拿到那块市有土地。因此,神田公司的当务之急就是筹集购买土地的巨款资金。你是神田家的赘婿,也是家庭的一员,想必神田社长也会要求你去筹集资金。我说得没错吧?"

神田浩显得有些狼狈,"这个,这个……"

"你怎么啦,到底有没有要求你去筹集资金?"

"这个,这个……"

"你要是不肯说实话,我就不帮你母亲了。"

"我明白。"

"听说神田社长很兴奋,说'我的女婿筹集到相当大的款项。'"

"他是这么说的吗?"

"他说你很聪明,很有办法。"

"那可是太辛苦了我找遍了所有的朋友和熟人,好不容易才筹集了这点钱。"神田浩慌慌张张地解释道。

"对你说的话我要进行调查,没关系吧?"关口不露声色地说道。其实他早已经调查过了,只是想让神田浩当面说出实情。

神田浩不满地皱起眉头,"您为什么要去调查?难道还不相信我吗?"

"不,我相信你。不管怎么说,你毕竟是秋本常子唯一的儿子啊。不过,警方是不那么好糊弄的,他们一定会彻底调查你筹集的钱到底从哪儿来的。如果你撒谎,他们立刻就能察觉出来,而且会对你留下很不好的印象。"

神田浩的脸色顿时变得煞白。关口虽然心情很沉重,还想在最后关头拉他一把,"你去筹集资金的辛苦我能想象得出来。其实,我已经找过你的那些朋友,知道他们都一口拒绝了你的借款请求。警方也一定在调查,如果你骗他们说是从朋友那儿借的钱是绝对通不过的。"

神田浩苦着脸,却拼命地死扛,"筹集的资金真的是从朋友那儿借来的。"

"能告诉你朋友的名字吗?"

"不能,因为借钱时都有互相保密的约定。"

"这话你对我说说还可以,但在法庭上是通不过的。"

"去法庭?难道警察会逮捕我吗?"神田浩露出了怯懦的神色。

关口痛心地看着他。那些在苦难中长大的孩子未必都是在逆境中奋起的强者,神田浩就是这样一种人。

于是,他肯定地回答:"没错,因为你有杀害友田夫妇的重大嫌疑。"

"真的会有这种事?"

"你不相信就等着吧,一周之内就会见分晓。"

"可是,那些警察一次都没来找过我呀。"

"是吗?"

"所以我不相信他们会来抓我。"神田浩用怀疑的眼神看着关口。

关口叹了一口气,"十津川警长至今没有派警察来抓你是有原因的。第一,你母亲作为杀害友田夫妇的嫌疑人已被逮捕,如果抓了你会被外界认为是误捕。第二,他委托我来找你谈话,不就想给你最后一个机会吗?"

"那个警长为什么要这样做呢?"

"这说明他对你还是很宽容的。"关口说道,"我是这样想的,你在筹集资金的过程中遇到了很大的困难,不得已跑到母亲帮佣的友田家去恳求借款。但是他们根本不予理睬,你彻底绝望了,一怒之下把他们杀了。你母亲亲眼目睹了案发的经过,为了保护你,她不惜挺身而出为你顶罪。"

神田像一头掉入陷阱的野兽一样焦躁起来,关口的心情也越发沉重。

"已经没时间了!"他对神田浩催促道,"逮捕你的时间很快就要到了,我还是希望你说真话。如果是你杀害了友田夫妇,还是赶快说出真相吧。如果现在就向警方自首,就能获得轻判,我也乐于担任你的辩护律师。"

"……"

"怎么不回答?难道想等着让警察来抓你吗?"

"请让我考虑一下。"神田浩声音微弱地说道。

"那好吧,你好好想想。不过,就如我刚才说得那样,你的时间快没了,想好了,打电话给我,事务所的电话你是知道的吧?"

"我知道。为了妈妈的事曾经和您通过几次电话。"

"我希望能尽快听到你打来的电话。"关口最后又叮咛了一句。

3

十津川获得了新的的信息:大月弘订好了一周后飞曼谷的机票。

龟井道:"他一定向那四个人各敲诈了一千万日元后才逃往泰国的。"

十津川紧锁双眉,"即使那四个人都乖乖地付了一千万日元让大月亡命海外,我们也很难对大月实施逮捕,而且无法立即逮捕那四个人。"

"那是为什么?难道无法认定这是大月敲诈的结果?"龟井心犹未甘。

十津川道:"我们还是先和大月弘见一次面,给他加点压力试试看。"

于是,两人立刻出门去见大月弘。

大月弘就在"大月兴业公司"里。除了门外的招牌,公司的内部十分简陋。

十津川和龟井向大月出示了警察的证件,大月并没有显出惊慌的神色。

"我们查明是你杀害了私家侦探高桥。"十津川冷不防说出这句话来。

大月绷着脸,"你说什么?我不明白。"

"你心里很清楚,所以才急着想逃往海外。而且还向四个雇你杀人的指使者各敲诈了一千万日元,这可不是个聪明的做法。"

"你说的这些我都不明白。"大月弘并没有怯阵,反而轻松地露出微笑。

十津川故作神秘地说道:"我这样说完全出于一片好心。据我得到的情报,被你敲诈的那四个人最近在碰头商量对付你的策略,还是提防一点为好。"

大月弘的脸倏地抽搐一下,又很快恢复了平静,"你说的和我没关系。"

龟井逼视着大月,"不要装糊涂了,就是那四个人指使你杀害了高桥。"

"既然如此,你们为什么不逮捕我呢?"大月的口气依然很强硬。

龟井余怒未消,"我们担心你在逮捕之前就被他们灭了,还嘴硬。"

大月似乎有所领悟,但他还是不领情,"你们快走吧,我这儿忙着呢。"

十津川笑道:"你还是有点怕了吧?"

"你说什么?"

"你杀别人不眨眼睛,听到自己要被别人灭口的情报,不照样害怕了吗?"

"你们给我出去!"大月终于忍不住咆哮起来。

十津川推着龟井离开了"大月兴业公司",他的脸上充满着笑意。

龟井问:"我们这样一来,多少有些效果吧?"

十津川道:"这种人猜疑心很强,即使不完全相信我们的话,但想到那四个人会面商量对策的事,也会心生恨意的。"

"结果会是怎样呢?"

"那四个人加上大月弘共有五人,他们因利益关系互相勾结,根本没有什么理想可言。剥开他们的画皮,只剩下金钱两个字。所以一旦被警方以杀人罪追究的话,很有可能为了自保其身而互挖对方的墓穴。"

"对那个神田浩我们该怎么办?还是委托关口去调查吗?"

"我们现在就去关口律师事务所了解情况吧。"十津川接着又补充道,"还得继续监视大月弘和神田等人,因为我们不清楚他们还会发生什么情况。"

龟井立刻通过无线电话向搜查本部的同事们传达了十津川的指示。

接着,两人乘着警用吉普向关口律师事务所驶去。

仔细想想,警察和律师互相合作的情况是比较奇葩的。但是,在这次案件中,十津川并不觉得这样的合作不可思议。因为双方对秋本常子是不是罪犯的歧意已经消除了,一致认为最大的嫌疑人可能是神田浩。

此时,关口刚和神田浩见面后回到事务所。

看来关口的心情不错,他笑吟吟地迎接了十津川和龟井的到来。

关口说:"我敢肯定,神田浩就是杀人罪犯。"

龟井问:"他已经供认了吗?"

"没有。虽然口头上还没说,但从他的反应来看,等于承认了确有其事。我相信他很快就会打电话来向我坦白的。"

十津川插嘴道:"这样就危险了。"

"危险?难道我的想法错了?"关口露出了不快的神色。

十津川摇摇头,"你认为神田浩很快会来坦白并没有错,我说的危险是指那四个人一定也知道了神田所干的事,他们很可能会派人对神田浩杀人灭口。"

关口恍然大悟:"哦,那倒是很危险,但是我没办法保护他。"

"放心吧,这事就交给我们了。"十津川爽快地一口答应。

离开关口律师事务所后,十津川一回到警用吉普,就通过无线电话向他的部下发出了'提高警惕,保护好神田浩'的指示,然后再次开车驶向神田宅邸。

十津川在神田宅邸的附近停了车,对龟井轻轻地说道:"现在要特别注意大月弘的动向。"

"那为什么呢?"

"对那伙人来说,神田浩现已成为一颗危险的定时炸弹,必须尽快杀人灭口。这时正好大月弘提出了勒索的要求,于是就会利用他除掉神田浩,提出了事成之后全额付款的条件"

"大月弘今天会来杀神田浩吗?"

"直接来他家动手或者约他出去杀害都有可能。"十津川的语气十分严峻。

4

十津川的预言不幸言中了,对方果然开始行动起来。

先是太阳建设的社长大泽手提着一只大皮包会见了大月弘。

"那只大皮包里肯定塞满了钞票。"西本通过无线电话向十津川报告。

十津川认为西本的判断正确,一定是大泽代表另外三人去见大月弘的。

"大泽出来了,手里没提那只大皮包。"没过多久,西本又来电话报告。

十津川命令道:"你给我盯紧喽,大月弘一定会有行动,绝不能跟丢了。"

紧接着,神田坐车回家了。十津川一看手表,已是晚上七点半左右。

神田回来后,宅邸很快又恢复了平静。十津川心想神田浩平时和妻子在别处的公寓里生活,但是此时他们留在神田的宅邸里并没有出来,难道是岳父神田故意挽留他在宅邸里过夜吗?如果真是这样,神田浩的危险时刻已经临近了。

十津川和西本继续保持联系。

西本报告没有发现大月弘行动的迹象。深夜十一点,宅邸的门突然打开,驶出一辆白色的奔驰车。驾车的是神田浩,坐在副驾驶席上的是他的岳父神田。

十津川立刻命令龟井驾车跟着那辆奔驰,同时通过无线电话问西本:"这儿的车子出动了,大月弘有没有动静?"

西本报告:"大月刚驾车出行。"

"赶快紧跟他的车子,阻止他们杀人灭口的阴谋!"十津川再次叮嘱道。

这时,前方行驶的奔驰突然降低了车速,好像是为了调整时间。

西本又来电话报告:"大月弘的车到了晴海埠头。现在停了车,好像在等待。"

十津川道:"神田的车也会来晴海的,你要注意!"

"明白,我们会隐蔽起来暗中监视。"西本的声音有些紧张。

神田和神田浩乘坐的奔驰逐渐接近了晴海。

跟在后面的警用吉普有意降低了车速,并且灭了前车灯。十津川不想让先期到达的大月弘发现奔驰后面有警车跟踪。

警用吉普停了下来,龟井下车后隐蔽地步行接近现场。

那辆奔驰也停止不前,神田翁婿迅速地下了车。他们和大月弘的车子相距十来米左右,大月弘车的前车灯正一闪一闪地亮灭着。

神田轻轻地拍了拍神田浩的肩膀,神田浩拎着一个大皮包向大月弘车的方向走去。神田迅速地返回奔驰车坐在驾驶座上,开着引擎。

这时,神田浩突然惊慌地回过头来,也许听到了大月弘下车的声音。

神田浩硬着头皮向前走,大概是神田嘱咐他把大皮包交给大月弘吧。

奔驰车突然开动,神田掉转车头,快速地驶离了现场。

神田浩闻声后不由自主地发出"啊"的一声惊叫。大月弘一把抢过大皮包,随即拔出了一把尖刀。神田浩落荒而逃,大月弘冲上去紧紧地抓住了他的手腕。

十津川见此情景,立刻下车朝两个人的方向猛跑,同时拔出手枪朝天开了一枪,大月弘拿刀的手顿时僵住了。

"不许动!"十津川一声怒吼,暗中埋伏的西本和日下以及待机而动的龟井冲上来围住了大月弘。

神田浩吓得蹲下身子,大月弘习惯性地举起了双手。

西本从他的手上夺下尖刀,日下随即给他拷上了手铐。

十津川迅速地赶来,大月弘轻轻地笑了笑,"我只是吓唬吓唬他!"

龟井怒斥道:"你只是在吓唬他吗?"

十津川打开了那只大皮包,里面整整齐齐地码着一千万日元的钱币。他冷冷地问道:"这是什么?是杀害神田浩的代价吧?"

大月依然口不择言地狡辩:"这个人打电话要我在这儿和他见

面,没想到一来就塞给我一皮包的钱,我觉得他是在愚弄我,所以一生气就拿刀来吓唬他。"

十津川没有睬他,转身命令西本和日下:"快去'大月兴业公司'进行彻底搜查!"

大月弘气急败坏地大吼:"没有搜查令搜查是犯法的,我要控告你们!"

"你慌什么?"十津川嘲讽地问道。

"我没慌,你们凭什么要搜查我的公司?"大月的口气依然很硬。

十津川紧盯着大月弘的脸,又命令西本和日下:"先把他带到警署去!"

"那搜查他公司的事怎么办?"西本不解地问道。

"暂时放一下。"

西本和日下押着大月弘上了警车直接驶向搜查本部。

十津川对蹲在地上的神田浩问道:"你还不睁开眼睛看看吗?"

神田浩慢慢地站起来,颤声说道:"我差点被他们杀了。"

十津川道:"是啊,你的岳父叫你把一千万日元交给他,再让他把你杀了。"

"那我该怎么办呢?"

"该怎么办?你心里最清楚!"十津川说着把神田浩也带上了警用吉普。

龟井一边开车,一边问十津川:"真的不去调查大月弘的公司了?"

十津川笑了,"那怎么可能?就算违法也要搜查他的公司。"

"这就对了。那家伙听到搜查脸色都变了,一定有什么问题。"

"你想会有什么问题?"

"一定有要他性命的证据。"

"是啊。我估计会有电话录音带之类的证据。其中必然包括要他杀害高桥和神田浩的电话录音,大月弘是个很有心机的人,一定会藏着这些证据。"

"所以他一听搜查就慌了?"

"也许吧,我想请关口到现场做个见证,因为这事也和神田浩有关。"

十津川随即用无线电话通知了关口律师。

他们驾车到达四谷的"大月兴业公司"时,关口和京子的车子也赶到了。

十津川对关口说道:"神田浩愿意彻底坦白了。"他随即告知了刚才在晴海埠头发生的事情。

从车上下来的神田浩对关口深深地鞠了一躬:"实在对不起,一想到妈妈的事,就想尽快向您坦白一切,我不再有什么顾虑了。"

关口通过京子回答:"那好吧,你现在坦白还不晚。"

接着,他又问十津川:"你叫我到这儿来有什么事吗?"

十津川诚恳地回答:"我想现在就开始搜查"大月兴业公司",由于来得急,没有时间拿到搜查令,所以想请教先生该怎么办才好。"

关口爽快地回答:"通常情况下我会提醒你不可以这样做,但今天情况特殊,就睁一只眼闭一只眼算了。"

十津川笑道:"律师先生能如此大度,真是难得。"

5

关口带着神田浩乘车离开后,十津川和龟井走进了"大月兴业公司"。

公司里空荡荡的极其简陋,看来仅是个摆设,根本没有什么业务。

他们开始仔细地搜查,先后查了文件柜、办公桌抽屉,没有发现物证。

龟井问:"要不要请人来帮忙?"

十津川摆摆手,"用不着,这么小的公司我们两个人就足够了。"

"可是,就是找不到呀。"

"我想一定在这儿,大月弘听到我们检查是多么惊慌,不像是装出来的。"

"那倒也是。"

"我们再查一遍,如果有重要的物证,一定会藏在不显眼的角落里。"

于是,两人重新开始搜查,甚至用手摸到文件柜和抽屉的内部。

"找到了!"龟井突然大声地叫了起来。

办公桌抽屉的内部有一个极小的缝隙,微型录音带就紧贴在缝隙里。

十津川把微型录音带回搜查本部,迅速地装在录音机里倾听录音带里的内容。他首先听到的是大月弘和神谷猛的一段电话录音。

神谷猛:"是我。昨天说的事想得怎么样了?"

大月弘:"就是私家侦探高桥的事吗?"

神谷猛:"正是。他对我是一个很大的麻烦。"

大月弘:"你想除掉他?"

神谷猛:"放心,我会照价付钱的。"

大月弘:"我在监狱里待了好几年,如果这次再杀人,进去后再也出不来了。"

神谷猛:"钱的方面好商量。"

大月弘:"那我要两千万日元。"

神谷猛:"我只要你杀一个人,怎么要那么多钱?"

大月弘:"如果你嫌贵,就找别人去吧。"

神谷猛:"我明白了,两千万就两千万,不还价了。"

大月弘:"你希望什么时候把他杀了?"

神谷猛:"当然越快越好。这样吧,最好在我们都不在东京的时候下手。"

大月弘:"你说的我们是不是那四个人?"

神谷猛:"不错。"

大月弘:"这事难度很大,容我想一想。"

神谷猛:"不要再犹豫了,给你两千万日元,还是赶紧把他干了。"

大月弘:"我明白,拿了钱后保证把他杀了。"

接着,又是一段神谷猛和大月弘的对话,是有关杀害神田浩的事。

神谷猛:"现在还得请你帮忙,是神田女婿的事。"

大月弘:"哦,是那个小跟班呀,他怎么啦?"

神谷猛:"他好像在这次筹集资金的时候杀了人,现在可能会向警方自首。"

大月弘:"怎么能随便让他去自首呢?他真的杀了人吗?"

神谷猛:"我们怕他在自首时牵涉到建造度假村的那块土地的事。"

大月弘:"你们怎么让这个傻瓜参与其事呢?"

神谷猛:"不管怎么说,他毕竟是神田的女婿。而且通过他拉拢了那个关口律师,最后以建造'聋哑老人之家'的名义,顺利地得到那块市有土地。"

大月弘:"直说吧,你要我对他怎样?"

神谷猛:"趁他还没有自首的时候,让他永远闭嘴。"

大月弘:"他的岳父能同意吗?"

神谷猛:"没问题,神田早就对他不满意了。"

大月弘:"如果这样的话,办完事后,我也得逃到海外去躲一躲了。"

神谷猛:"我明白。这也是最后一次让你干的事。事情办成后,我们每人给你一千万日元作为饯别费。我先给一千万日元作为定金,怎么样?"

　　大月弘:"难道你们最后也把我杀了?那个十津川警长就对我这样说过。"

　　神谷猛:"不要信他。这是警察为了离间你和我们关系而设的套。"

　　大月弘:"那好吧!"

　　神谷猛:"你看怎么办好?"

　　大月弘:"这样吧,今夜十二点,你们设法把神田浩带到晴海埠头来,我干完之后,就给他绑上大石头沉入东京湾,给人造成畏罪自杀的假象。"

　　神谷猛:"你是说,今夜十二点把他带到晴海来?"

　　大月弘:"那时候,顺便把神田的一千万日元也带来!"

　　神谷猛:"我知道了,就让神田浩带给你吧。"

　　大月弘:"就是我要杀的那个家伙吗?"

　　神谷猛:"对。"

　　大月弘:"那好吧。"

6

　　神田浩在关口律师的劝说下终于向警方自首了。

　　十津川将其作为主动自首对待,希望在将来量刑时能适当轻判。

　　紧接着,十津川得到了所需的逮捕令,迅速逮捕了神田社长、神谷不动产社长、大泽太阳建设社长和自治厅的津村局长,逮捕的罪名是"唆使杀人罪"。

　　十津川对关口说:"我们的工作结束了,法庭会判决秋本常子无罪。"

关口轻轻地叹道,"你是结束了,我的工作才刚开始,而且非常艰巨。"

十津川问:"你是指秋本常子的事吧?"

"是啊,秋本常子被证明无罪我当然很高兴,但是他的独生儿子就成了罪犯,这会更增加她的悲痛。对她该怎么说呢,我的心里老是纠结着。"

"难道她觉得自己能为儿子顶罪心里更好受些?"

"是啊。她是个残疾人,含辛茹苦地把儿子抚养成人,生活的唯一希望就是让孩子得到幸福。一旦这个美好的梦想破灭了,叫她怎么生活下去呢?"

"她现在的病况怎样了?"

"这个我也不清楚。连医生都不知道其中的缘由。究竟是真的丧失了记忆,还是决心和外界断绝一切联系,在沉默中度过一辈子都很难判断。"

十津川道:"也许她知道儿子被捕的消息后,真的会丧失记忆了。"

关口摇摇头:"即使没有丧失记忆她也不会开口,我想她一定会完全陷于沉默之中,这也许就是'海一般的沉默'。"

十津川沉思了一会儿,缓缓地说道:"不管怎么说,应该对她说明情况。"

关口表示同意:"你说得对,我准备今天去医院通知她。"

关口带着京子直接去了那家医院。

秋本常子仍然像往常那样,坐在轮椅上面无表情地对着他们。

关口忐忑不安地向秋本常子详细说明了她的儿子因杀害友田夫妇的嫌疑而被捕的经过。为了保证传达无误,除了京子的手语翻译,还加上文字的说明。最后,关口真诚地表示作恶的祸首是神田一伙人,他愿意担任神田浩的辩护律师。

　　秋本常子没有流出一滴眼泪。

　　关口暗忖:难道她不会流泪了吗?要是真的哭了,我还得好好劝劝她。

　　这时,秋本常子突然睁大眼睛,颤颤巍巍地伸出双手。

　　关口立刻注意到了这个不寻常的举动:她要用手语说话了!

　　"先生!"常子这样说道,"请务必救救我的儿子!"

　　"我会尽力的,你放心!"关口恳切地回答。

　　"我很清楚当时的情况,为了儿子我什么都愿承担。先生,拜托了。"

　　说到这儿,秋本常子终于老泪纵横,掩面而泣……

校 园 迷 案

（日）东野圭吾

1

达也死了。像一片枯叶,从屋顶上随风飘落而亡。那是放学后,我正在热衷于踢足球时发生的惨剧。

"刚开始不知道是什么声音,原来是有人突然跳楼自杀了。那坠楼的声音太可怕了,我一时还不明白到底发生了什么事。"

一个叫田村的同学以这样的说法向大家报告了达也的噩耗。他是为数众多的目击者之一。

达也坠楼的校舍旁边聚集了密密的人群,还停着一辆救护车。

我焦急地用双手拨开人群向前走,正看到一副担架抬着达也的尸体出来。当看到裹着白布的尸体,我不由得悲从中来。

"达也!"

我叫了一声,真想冲上去好好看看他的脸,或许看到他正常的面色后会放心地一笑:"你不是好好的吗?!"

但是,有人用力地抓住了我的手腕。斜眼看去,他就是我们的班主任井本。

"不要慌!"井本镇定地说道。

他的话,犹如当头棒喝,使我呆若木鸡地一步也不敢动。

这时,四周响起了"哇"的惊呼声。只见躺在担架上的达也露出了右手腕,且向地面下垂着。那只手腕就像陈列的模特那样非常纤细,而且不自然地弯曲着。

站在旁边的一个胆怯的家伙小声地说了一句:"真可怕!"

我一把揪住那家伙的脖颈,大吼一声,"不许胡说!",但很快又被井本制止了。

载着达也尸体的救护车开走后,所辖警署的警官们开始调查,对几个目击的学生进行问话。我从围观的人群中看到了田村的身影,立刻走近他问道:"警察没找你问话吗?"

"你不是也没被问话吗?"田村有些不快地回答,"一班的藤尾代表我们接受警察的问话。当时的目击者有好几个,藤尾是第一个报警的,再说他能说会道,是个秀才。"

"是藤尾吗?……"

我认识那个人,是个高个子、额头很宽的家伙。

"达也……行原怎么会从屋顶上掉下来呢?"

听我这么一问,田村双臂交叉着回答:"什么原因我也不清楚。"

说到这儿,他歪着头,显示出思考的样态,又道:"总之,他坠楼是非常突然的。那时我正在下面练习打棒球,根本不知道行原就在楼顶上。"

田村的语气很轻松,言下之意他不就是自杀吗?我对他的说话态度颇为不满,谢了之后就离开了。

接下来该怎么办呢?我一边这样想着,一边围绕着现场走了一圈。校舍的旁边有三个女生正用手帕捂着哭肿的双眼。她们是我和达也的同班女同学。我虽然也想哭,但觉得现在必须做的大事不是哭泣。

少顷,我看到班主任井本从教学楼出来,他好像刚才在接受警察的问询,所以脸色十分紧张,显得有些僵硬。也许他成为教师以来,第一次有这样的体验吧?

井本环视着四周,似乎在找人。不一会儿,他一眼看到了我,立刻快步走了过来。

"中冈,你能过来一下吗?警察有事要问。"

我说自己什么都没有看见。

井本点点头,认真地说道:"警察说要见一下行原的亲友。如果你不愿意的话,我再去找其他人。"

接着,井本指示我去教师办公室旁边的来宾接待室。一到那儿,看到一个有些谢顶的中年刑警和一个年轻的刑警正等着我。

他们的问询是从我和达也的关系开始的。我回答说我俩上小学起就是好朋友,现在也是同班同学。

警察又继续问了达也的性格、最近的状态以及交友关系等各种问题。我明白,他们正在考虑达也自杀的可能性。就在提问停顿的时候,我鼓起勇气大声说道:"达也绝不会自杀!"

"嗬?!"那个中年刑警显得有些意外,"你为什么要这样说呢?"

"他没有自杀的动机。退一万步来说,即使有什么事,他也不会去自杀,这是千真万确的。"

两个刑警听了我的话后面面相觑,嘴角浮现出别有意味的微笑。

另一个年轻的刑警问我还有谁和达也比较亲近。

我想了一下,提起了佐伯洋子。

两个刑警似乎已经知道了这个名字,"听井本老师说,她好像是达也初中时的恋人。"

我摇摇头,纠正道:"他们从小学开始就是恋人。"

三十分钟后,刑警们终于结束了对我的问询,我也得到了达也确实已经死亡的消息。

走出接待室,看到井本老师正在走廊上等着。他旁边低头站着的佐伯洋子引起了我的注意。她好像刚才痛哭过,眼圈红红的,一看到我,似乎想开口说些什么,但又忍不住悲痛,急忙用手帕捂住自己的眼睛,结果什么都没有说。

看到她接替我进入接待室后,我想了一下就来到操场,坐在饮水处附近的条凳上。

三十分钟后,洋子也结束了刑警的问询走了出来。当我看到她摇摇晃晃地出现在教学楼的出口时,立刻离开条凳站了起来。

"你辛苦了!"我说了一声,也不知道为什么要这样说,反正我没勇气对她说更多话。

洋子像个失灵的机器人那样僵直地站在那儿。我们一时无言,面对面地站立着。

就在我准备开口的时候,洋子抢先说道:"不要对我说什么同情的话!"

虽然语速稍快,但声音非常清晰。她用左手往上梳拢着下垂在额前的黑发,眼角已经没有了先前留下的泪痕。

我一时欲言又止,因为想说的正是同情的话语。其实,洋子在上小学的时候也是这样,被人欺侮后讨厌别人的安慰。

洋子慢慢地走近我,在相隔一米左右的距离停了下来,两眼直勾勾地看着我,"你今天能否代替他送我回家?……"

她哀求似的问道。我只得默默地点了点头。

我俩各自推着自行车,从学校踏上回家的路。

一路上,洋子断断续续地说起刑警问询的事来。

"你在什么时间、什么地方听说这件事的?"

这好像是刑警提出的第一个质问。洋子回答说自己当时正在教室里,是同班同学跑来告诉她的。

接着,洋子谈了她听到这个消息后的感受,"最初的反应已经记不清了,只是一想到达也死了,心里非常难过,眼前一片黑暗……醒来时,发觉自己已经躺在保健室的病床上了。"

哦，这也许是她比我还晚接受刑警问询的原因吧。

洋子接下来受到问询和我的情况差不多。她确实不知道达也为什么要去那样的地方，而且她的证词也和我一样，没有发现达也最近表现异常的情况。在走到洋子家告别之前，始终没见到她流过眼泪。所以我也找不到安慰她的办法，本想说些帮助她的话，但面对她忍受的巨大痛苦，不得不把话又咽了下去。

我在回家的路上，顺便去了达也的家。他家的大门口熄了灯光，四周鸦雀无声，也许达也的家人都去了警署或者医院。

我赶紧骑着自行车回家。不知为什么，突然眼眶里流下了滚滚的泪水，被晚霞染红的风景也在眼中变了形。

一到家，我立刻给目击者藤尾打了电话。藤尾爽快地答应了我提出的"有事要谈，马上见面"的要求，并说自己对这事也有疑问。

在他家附近的公园里，我和藤尾见了面。那个公园很小，只有秋千和滑梯等简单的娱乐设施。由于游人稀少，所以是个说悄悄话的好地方。藤尾坐在秋千上，一边摇晃着细长的身体，一边慢慢地回忆起当时的情景，"我的教室在行原坠楼处对面的三层楼里，当时我在教室里看书，感到眼睛有些疲乏就想休息一下，于是就走到窗前眺望外面的景色，没想到就在这一瞬间发生了坠楼事件。"

我紧张地问道："那你亲眼看到了达也坠楼吗？"

"是亲眼看到的。"藤尾重重地点了点头，"当时我看到行原正站在屋顶的围栏上面，所以心里很紧张，感到太危险了。但是行原在围栏上若无其事地走着，没想到他突然坠下楼去，大概是失去了平衡。"

"达也站在屋顶的围栏上？……"我听了非常惊异。

所谓的围栏就是一道宽度三十厘米、高度一米左右的混凝土屏障。当下，在学校的一部分男生中流行着这样的行为：站在屋顶的围栏上显示自己的胆量。其实，按照校规，不要说站在围栏上，就是上屋顶也是严厉禁止的。

"所以我觉得行原是坠楼,不是故意跳楼的。"藤原慎重地补充道,"当然,我现在无法下结论说行原是从屋顶围栏上坠楼的,这只能是我不承担责任的个人猜测,我对警察也是这么说的。"

"原来如此……"

我明白藤尾的意思。也就是说,达也究竟是事故坠楼还是跳楼自杀情况不明。

我又问:"达也为什么要去那种地方呢?"

藤野双臂交叉着歪着头说道:"光上屋顶也就算了,我还发现了更不可思议的事呢。"

"更不可思议的事?究竟是什么事情?"我惊诧地发问。

藤野冷静地回答:"行原一人待在那儿,这是最不可思议的。"

2

我和藤尾分手后回到家里,看到晚饭已经准备好了,只得勉强把无味的饭菜塞入嘴里。也许听了外面的传闻,吃饭的时候,妈妈和比我小一岁的朋子都想听我说话,但我根本没搭理她们。

吃完晚饭,我立刻回到自己的房间里闭门不出。

今天的状态,大概连朋子都不会随意进入我的房间吧。

我一头倒在床上,挂在墙上的一张大幅照片立刻映入了眼帘。那是我在初中时代参加学校足球队时,在一次县预选赛中战败后留下的纪念照。照片中,我站在前排的左端,那时是球队的边锋,浑身上下沾满了泥浆。我的身边就是达也,被阳光晒得黝黑的脸上正露出笑容。他是球队的守门员,一身白色的球衣格外醒目。

——达也,为什么会死呢?

我在询问照片里的队友们。这个家伙没有必死的理由,却莫名其妙地死了。我不知道其中原因,急得直挠头皮。

达也和我从小学开始就有了密切的往来。由于两家住得很近,我们很快成了好朋友。于是,满是缺点的我和万事追求完美的达也不可思议地结为情投意合的兄弟。

我在学习和体育运动方面远不及达也,即使两人在一起,兄弟之间的差异显而易见,而且他的个头也比我高许多。在小学时代,我一直以他为目标拼命地努力追赶。

进了初中后,我俩依然是亲密的朋友,这主要得益于两人都参加同一个足球队的缘故。我们每天都参加足球练习,一直练到傍晚才结束,然后互相邀约着去澡堂洗澡。即使泡在浴池里也要进行长时间的闲聊,这是我俩的交流方式。从那时候开始,我的学习成绩开始出现了不断上升的良好势头,和达也之间的差距越来越小了。

参加高中入学考试的时候,我听说达也报考县立的W高等学校,于是我也以同一个目标加紧复习迎考。初中的班主任好心地劝我:"你这样做太危险,还是赶快放弃吧。"我没有听从老师的意见,决定也报考W高等学校,结果竟然如愿被录取,使周边的人大为佩服。事后想想也有些后怕,我真是太任性了。其实,我听说达也曾经犹豫过,甚至想变更原来报考的目标,准备进入比W高等学校低一档次的学校,也就是按我平时学习成绩也能进入的学校,但我依然不为所动地继续努力,这也是我当时真实的想法。

就这样,我俩迄今为止一直在一起,可以说是一对互为竞争对手的亲密好友,所以大家都说行原在的地方有中冈,中冈在的地方有行原。

尽管如此,我们二人之间也有一个不同点。那就是达也拥有一个名叫佐伯洋子的恋人。

洋子是在我们上小学五年级的时候,从东京转校到我们学校的。我见到洋子时,不知为什么会直冒冷汗,而且心跳也有点加快。对我来说,这是第一次所谓的"内心冲动"。而且对她抱有这种酸甜感的不仅是我一人,那些存心不良、试图动手动脚、想讨她欢心的小男生还有好几个。洋子的容貌和身姿对当时的我们确实带来了极大的新鲜感和强烈的冲击。

有些成熟的洋子成绩很优秀,很快就成为女生们的头儿。就从那时起,她和一个特定的男生开始了亲密的交往,他就是达也。

那时的达也是儿童会副会长,不但学习成绩优秀,也擅长体育运动,无人能出其右。所以,作为他的对手,其他同班同学的心中也认同两人的关系。

达也和洋子的亲密关系在学校里是出了名的,不仅在平时的下课时间和午休时间形影不离,而且还经常一起出去郊游或者参加运动会。在那样的情况下,我知趣地离开了他们。

进入初中后,他们不再像过去那样显眼地在一起了。洋子也开始和要好的女同学来往。但我总觉得达也和洋子两个人在一起才是最快乐的。我曾经在星期六下午或星期天邀请达也一起活动,但他有好几次以学习很忙为借口婉拒了。在此期间,又听到有人见到他俩逛街的传闻,所以我就尽量避免再和他们待在一起。

上高中时,洋子也和我们一起参加了W高等学校的考试,而且轻轻松松地通过了。因为她和达也一起学习,所以成绩要比我优秀。后来听说他俩的学习场所好像是在一家专业的城市图书馆里,我在之前根本不知道图书馆里还有自习室。

其后,达也和洋子的亲密关系始终没变。他俩的恋爱从一开始就显得那么感情真挚,互相温暖着对方的心灵,所以连对男女生交往一直抱有偏见的学校老师们也对他们特别宽大。在学校里,只有达也和洋子是一对公开的、令人羡慕的情侣。

我每次见到他们,总有一种分享了幸福的感觉。事实上,这样感觉的反面却是非常苦涩的心情。其中的理由自己也感到憎恶、头痛,甚至觉得无聊。

我对好友的恋人产生过初恋感,直到现在还想继续保持下去,这完全是痴心妄想的蠢念。

3

第二天早晨,我早早醒来后立刻抢先去拿报纸。我去报箱拿晨报的举动一年也没一次。

"高中生从楼顶坠楼而死。"

晨报社会版的中心位置以这样的标题报道了这起发生在昨天的事件。报道的内容和我从田村与藤尾那儿听来的情况大致相同,至于是事故坠楼还是自杀跳楼,报上也没有明确的说法。

报上还登载了达也父母的谈话。所谓在父母之前先亡是最大的不孝云云,这种话说出来实在有点勉强。

既然如此,达也为什么要到那种地方去呢?我的眼光离开了报纸,茫然地对着上方,开始了认真的思考。

一贯慎重的达也,为什么要这样做,这是为什么?

我又想起藤尾说的话来。

为什么他会一人独处呢?——这是藤尾提出的疑点,真是不可思议。

到了学校,果然不出所料,同学们还是围绕着昨天的话题议论不休。由于学校正在召开教职员工的紧急会议,所以第一节课改为自修课。

"这件事即使学校有责任,他也一定会死的。"号称万事通的宫本这样说道,"不过我认为学校应该能防止发生此类事情。如果校规绝对禁止学生上屋顶,再加上严密的保安巡逻就好了。外面舆论肯定是这么说的。"

宫本说完朝我看了一眼,大概是问我是否也这样想吧?我一言不发地保持沉默。

谈论中又涉及了洋子。有的女生就像关系到自己的事情那样,面露悲伤的表情说道:"她一定受到很大的打击吧?"

也有的男生痛切地认为行原真是做了一件傻事。一时间,同学们对这件事做出了各种不同的反应。

第一节课结束后,我立即顺着楼梯走上了那幢楼的屋顶。我想到现场亲眼看看达也究竟从什么地方坠楼的。但是,通向屋顶的门已被紧锁着,看来学校已经采取了安全措施。虽然这样的做法很愚蠢,但我还能理解。

就在我对那扇门踢了一脚,顺着楼梯下楼的时候,看到有人正从下面上来。她是个女生,我见过她。确切地说,是高二学生,和达也是同一个英语会话组的成员。

"门已经上了锁!"我从上面对她说道。

低头下行的那个女生听了似乎吃了一惊,全身颤抖地停住了脚步。她抬头一看是我,不由得轻轻地"啊"了一声。

我问她:"你是来祭奠达也吗?"

因为我看到她的左手拿着一小束花,花的名字不知道,是一种白色的、很朴素的花。

她把花束藏在身后,直立着默不作声。我第一次看清她是个大眼睛的姑娘。

我说:"我想请求老师让我们上屋顶去,你也一起去好吗?"

她后退几步靠着墙壁,"我……这样就行了。"

说着,她赶紧转过身子顺着楼梯往下走,身后还残留着那束白花的些许清香。

从第二节课开始,又恢复了学校往日的教学时间,但是不论哪个老师都很少谈及昨天发生的事情。也许校方在教职员工会上特别关照不许多谈此事。

午休的时候,我去了对面教学楼三楼的三年级一班教室,看到藤尾正坐在靠窗的座位上看书。

"是从这儿看到的吗?"我一边看着那幢校舍,一边问藤尾。

达也坠楼的校舍是幢三层楼建筑,所以从这儿望去,对面校舍的屋顶只不过高一个楼层。

"是的。我眺望的时候,发现行原正好站在这上面。"站在旁边的藤尾用手指着说道。

"不过,从这个位置看的话……"我顺着藤尾手指的方向看去,又问,"你能看到站在围栏上的达也,至于屋顶上还有没有其他人并不清楚,也许受到围栏的障碍,不能看到吧?"

藤尾微微地点点头,但又充满自信地反驳道:"从道理上来说应该是这样的。但是,即使有人和他在一起,那人现在也不会说的,只要他不承认,岂不是和没有人一样吗?"

"唔,确实如此……"

我含糊其词地回答着,突然又想起了一件事。在向藤尾详细询问了达也坠楼的状况后,立刻离开了教室。

我再次踏上了上楼的楼梯,心想这幢教学楼有四层,如果从四楼的高度看三楼校舍及相邻的校舍的屋顶,应该像看旁边的事物一样清楚。

四楼没有普通的教室,只有被服教室、音乐教室、放映室、阶梯教室等。藤尾教室的正上方就是被服教室,那儿是女生上家政课时使用的教室,学生们通常在这间教室里学习西洋裁缝和日本裁缝的技能……

我稍稍犹豫了一会儿,就用手轻轻地旋转被服教室的门把手,所幸门没有上锁。于是我开了门,一边窥视着教室里的情况,一边悄悄地走了进去。自从进入这所高等学校以来,我从来没有进入这间教室,心里不免有些紧张。

被服教室的面积要比普通的教室大一些,四周的墙壁上贴着各式各样的西服与和服的画样。教室里随意地排放着很大的操作台,操作台里还配有相应的大抽屉。

我迈开大步穿过教室,来到窗台边。那儿放着缝纫机和穿衣镜,好像闲置着没什么用处。

拉开窗帘,强烈的太阳光照进了教室,我不由自主地皱紧眉头,眯起了眼睛。

我用手搭起凉棚朝外看,果然不出所料,相邻的校舍屋顶就像在旁边一样看得很清楚。我暗忖:如果当时那儿也有人的话,应该还没算在现有的目击者之列吧?

我从屋顶的这个角落到那个角落都仔细地看了一遍,没有发现可疑之处。屋顶如往常看到的一样,就是一个普普通通的混凝土平台。

在达也坠楼的校舍再对面,还有一幢三层楼的校舍。如果从这个位置来看,就能看到两幢校舍的屋顶。

——如果有机会,也许从对面方向看过来效果会更好。

我这样想着,拉上了窗帘。

第五、六节课就稀里糊涂地过去了,说稀里糊涂也不是什么都没想,我的头脑里总是纠结着达也的死因,但是毫无头绪,结果还是一头雾水。

第六节课结束后,班主任井本告诉大家明天举行达也的葬礼,要求全体同学都要参加。我知道这只是表示友情,班内和达也没有友情的同学是没有的。

接着,老师又说学校的告示栏上已经贴出了这次期中考试的成绩,大家听了似乎转而对此产生了兴趣。

走出教室后,我遇见了洋子。也许说"遇见"并不正确,因为她好像特意等着我。

"小良,你送我回家吧。"洋子没看我的脸,只是低头对着脚下。从声音里感到她有点感冒了。

"那好吧……"我简单地说了一句就迈开了脚步,一时找不到后续的话语。洋子也毫不犹豫地跟我一起走了。

我们从老师办公室的旁边走过,办公室的旁边有个告示栏,前面围着二三十个学生看着上面公布的这次期中考试的成绩。我虽然对此没有特别的兴趣,但由于个子高,便在自己能见的范围内飞快地看了一遍。从一号到五号,已经换了原来的老面孔,藤尾的名字也进入其中,不愧是个好学生。

我又寻找自己的名字,发现正好是第十名。靠后两名是洋子,达也是第十九名。

"达也的名字也出来了,这是最后一次了。"洋子静静地说道,语气中没有悲伤,也不是寻求我的安慰。

就如昨天那样,我和洋子推着各自的自行车回家。最初谈的话题是这次的期中考试。

洋子对我恭维道:"小良,你真了不起,这次终于进入前十名了。"
我回了一句:"那纯属侥幸。"

话虽如此,但对自己最近成绩的直线上升还是感到十分吃惊。我曾经相当勉强地进入了现在的这所高中学校。刚入学时,成绩排名的位次非常低。但从高二的后半期开始,我的成绩上升很快,究竟是什么原因自己也不清楚。从高一开始,达也和洋子一直在成绩榜上保持高位,但他们始终没有进入前十名。因此,我这次获得第十名,就被洋子称作"了不起"了。

接着,洋子说起自己参加的体操队的事来,尔后又问我有关足球队的情况,使我感到她在尽量寻找谈论的话题。

"达也为什么不参加足球队呢?"洋子突然问道,"上初中的时候,他不是和你一起踢足球的吗?"

"这个……"我含糊其词地回应着。

我和洋子并排走着,不由自主地想起上小学时的情景。那时能和洋子一起散步的一定是达也。晴天,他们手牵着手,雨天,两把伞紧挨着。没有我插足的余地,连进入一根头发丝的间隙都没有。想不到我现在却能和洋子单独在一起,因为那个紧系着两人亲密关系的男生不在了,而且明天还要举行那个男生的葬礼。经过短暂的沉默后,我主动谈起今天午休时去被服教室的事,洋子似乎有了兴趣。

她问:"你去被服教室有什么事吗?"

"没什么事,只是从那儿眺望相邻校舍的屋顶,没有什么特别的收获。"

听我这么一说,洋子简单地"嗯"了一声。

我又说起第一节课下课后,上楼梯去屋顶的时候,曾遇见一个高二女生的事,并说她和达也是同一个英语会话组的成员。洋子一听,似乎认识那个女生。

"啊,那一定是笠井了。"

"笠井?"

"就是笠井美代子。确切地说,她是高二八班的。"

"哦。你知道得很清楚呀。"

"是的。"洋子稍稍迟疑了一下,说道,"是从达也那儿听来的,她还给达也写过情书呢。"

"情书?"我鹦鹉学舌般地重复着,这个字眼在我心里响着似乎迟来的回音,"达也收到她的情书后怎么处理呢?"

"这个……他采取什么回绝的方式我也不知道。"洋子这样回答。言下之意,反正达也回绝了对方。

如果达也没有死,洋子谈论这个话题应该是挺开心的吧?

我突然觉得洋子是出于嫉妒才这样调侃的吧？她一定在竭力装出表面上的平静，我们这样说着，都没有露出一丝微笑。再怎样诙谐的往事在今天只不过是一首死者的安魂曲。

想到此，我转换了话题，又提起刑警说有自杀可能性的话，试探她是怎么想的。

洋子稍思片刻，回答一声："不知道。"

听了她的话，我大感意外，"我想绝不会有那样的事，对吧？"

"绝不会有……你也不能这么说。"

"不过……"

洋子是达也的恋人，说到这儿却欲言又止，也许是她感到自己很悲惨的缘故。

第二天的葬礼碰上了下雨天。四十多名学生撑着雨伞集合在一起，狭窄的通道上挤满了人。

我轮到第五个上香，正巧从达也的父母面前走过。小时候经常得到他们的照顾，虽然没有长久不见，但这次却像久违十年那样，他俩都明显地见老了。

"谢谢！"

就在我经过的时候，听到达也的母亲轻轻地谢道，比蚊蚋的声音还要微弱。

达也的照片放在佛坛上。照片中的他脸色苍白地微笑着，好像做了整形手术。

我按照妈妈教的那样上完香，双手合十，默默祈祷。

什么感应都没有。

我想问达也的只有一件事——你是怎么死的？但是，当我双手合十后，我的心里并没有发生异样的反应。看来所谓死者有灵魂纯属谎言。

尽管做了充分的准备工作，全班同学上完香还是足足花了一个小时。我们之后是其他高一、高二年级的代表上香,我看到洋子也在其中。洋子没有特别慌乱,反而显得很淡然。她好像和达也的父母交谈了几句,依然是那样的沉静。达也的父母看着洋子的脸,再次流下了眼泪。也许他们原本想将来把洋子作为达也的新娘迎进家门的。

"这样的葬礼没有意义。"洋子返回后对我这样说道。

我说:"看起来是为死者举办仪式,其实是做给活人看的。"

"是啊。"洋子表情复杂地点着头。

正在这时,突然有人从背后拍了拍我的肩膀。回头一看,只见藤尾神态憨厚地站立着。

"哦,藤尾你也来了?"

"我总觉得和他有缘。"藤尾的嘴角向下弯着,"再说,我要说一件你感兴趣的事。"

"感兴趣的事?"

"是啊。其实,当时看到行原坠楼的目击者也许还有其他人。而且是和我不同的角度看到的。"

"嗬?……"

"我想你会感兴趣的。"

"那个人是谁?"

藤尾稍稍放低了声音,"听说是个高一年级的女生。"

"高一年级的?"

"是啊。行原坠楼的校舍旁边的屋顶上总有学生在那儿打排球。那天恰巧有人,所以目击了行原坠楼。"

"那个目击者没有自报姓名吗?"

"没有。不管怎么说,她毕竟是在学校禁止上去的屋顶上练习球技。"

"原来如此!"

那个目击者不肯透露姓名确有自己的考虑,也许担心一旦暴露会引来校方的批评。

"那么说,那个目击者究竟是谁不清楚,只听说是个高一年级的女生对吗?"

藤尾点点头,又提出自己的想法:"我觉得找到那个女生并不难,她们放学后一定会在其他的场所打排球,其中的高一年级女生想必就是那个人。"

"你说得是。"我说了一声就和他分手了。

上香结束后,大部分的同学都回去了,我和洋子留在那儿一直等到出殡。在雨中,达也的尸体被运走了。不管是背景、衣着以及人的表情都是一片黑、白、灰,使我一时产生了错觉,似乎见到了过去黑白电影的一个场景,而且电影的胶片也伤痕累累。

"拜拜!"站在旁边的洋子小声说道。

4

第二天放学后,我想起藤尾说的话,换上足球队的球衣在校园里四处转悠。那些在屋顶上打排球的女生们想必在其他场所练习球技,她们即使几个人围成一圈打排球,也会因球技差而使排球发生很大的偏离。

我在图书馆后面的空地上找到了这个女子排球队,由于紧靠着学校的围墙,球飞过围墙就判犯规,可见她们的打球水平并不低。

我慢慢地走近她们。

她们是个六人团队,所幸其中的一人是学生俱乐部的后辈,名叫广美,我认识她。

我站在旁边对广美使了个眼色。她先是吃了一惊,继而漾起微笑,向同伴们打个招呼后,离开了练习圈子,有些羞涩地向我跑来。

我首先问她是否在屋顶上打过排球。广美吐了吐舌头,一边看着四周,一边悄悄地承认确有此事,"请不对外说,前辈!要是让学校知道,我们打排球就难了。"

"我知道,尽可放心。你们每天去屋顶上练球,难道没看到那起坠楼事件吗?"

广美四下张望了一下,用手捂住嘴巴,似乎要对我说什么秘密,"其实,我知道一点。"

"你说的一点是指什么?"我心犹不甘地问道,"能告诉我当时是怎样的情况吗?"

"就像杂技演员似的……行原正朝着屋顶的角落行走,突然摇摇晃晃地掉下去了。"

"你说他摇摇晃晃?"我想起藤尾说"好像失去了平衡",但广美的说法似乎更加生动真切。

"他在坠楼之前是怎样的状况?你看见达也在做什么?"

"我不可能一刻不停地盯住他。"广美有些困惑地摇摇头,"也许其他的同伴也看到过什么。"

"其他的同伴?"

"你稍等一下!"

广美说着,转身回到正在练习的排球队。只见她一边指着我,一边对大家说了几句。不一会儿,她带着五个身材高挑的女生走过来,迅速地把我团团围住,我下意识地后退了一步。

"是她最早注意到的。"广美指着对面第二个女生说道。

弘子叫她小依,是个身体、脸蛋、眼睛都长得圆滚滚的胖姑娘。

小依向前跨了一步,一边抚拢着头发,一边说道:"我也不是很清楚。"

她说话的语尾有些无序地延长,也许是她们的时尚吧。

小依又道:"当时发觉那个屋顶上有亮光。"

"亮光？"

"是的。我朝那边看了一眼，发现屋顶上站着一个男生，我就把这事告诉大家，就在这时候，那个男生突然掉下去了。"

"请等一下，当时你发现相邻校舍的屋顶上有亮光吗？"

"是的。"小依点点头。

"是怎样的亮光？是闪光还是有规律的一灭一亮的光？"

我性急地问道，但她没有回答，只是疑惑地看着广美。我"啊"的一声醒悟过来，立刻重新问道："是像一道闪电，还是一闪一闪的光？"

小依小声地回答："像一道闪电。"

"是像闪电……吗？"

我无法判断这道闪电和达也的死是否有关，只好装出若有所思的样子。

就在我向她们道谢后准备离开的时候，站在最右边的女生突然发出了"这个……"的声音，我立刻停住了脚步。

"我今天被其他人问过同样的问题。"这个女生头发很长，看起来比广美和小依成熟，说话方式也显得很冷静。

"你说的其他人是指谁？"

"是体操队的……"

"原来如此！"——我终于明白了。

我问："是佐伯洋子吗？"

长头发的女生点了点头。她好像怕受到批评似的，低着头向上翻眼看我。

洋子也许在昨天听到了我和藤尾的说话，或者以她的途径知道了广美她们的情况，不论怎样，洋子也似乎感到达也的死因有疑点。

"佐伯洋子问你什么了？"

"问的是同样问题，还问是不是行原一个人在屋顶上。"

"原来是这样啊。"我环视着广美她们的脸,"她问的也是我想问的。当时到底是什么情况?除了行原还有谁在那儿?"

长发女生像确认似的看了看其他女生的脸色,缓缓地摇摇头,"我觉得是行原一个人在那儿。"

"哦……洋子还问了什么?"

"除了这些没有再问什么。"

于是,我结束了问询,和她们挥手作别。

由于找广美她们谈话,我参加的足球练习迟到了五分钟,不得不接受迟到的惩罚。所谓的惩罚就是一分钟绕操场跑一圈,一连跑五圈。

我一个人默默地奔跑着,心里想着前天洋子说的话。为什么达也不参加足球队呢?——洋子提出了这样的疑问。这个提问的确很实在,而且答案也极简单。由于足球队的要求很高,他退缩了——仅此而已。洋子不知道达也在初中时不是正式的守门员。虽然他刚来球队时对此很期待,但是队里还有比他资格更老的守门员。就是参加全县足球大赛的时候,他也不过是个替补队员。

"踢足球就拜托你了。"

进入高中学校后,在决定参加学校的哪个运动队时,达也拒绝了我的劝诱。当时我是理所当然地劝说他一起参加足球队的。

当然,我也可以说"你不当正式队员不也可以吗?"但我不会说,因为这样纯粹是糊弄他,我也不会说"为了成为一个正式队员好好努力",那不是我该说的。

在那个时候,有一点是很清楚的,就是我比达也更向往进入足球队。

对于洋子来说,达也不进足球队的理由是个秘密,我和达也有过约定,现在他死了也不意味着我可以背信弃义。

球队练习结束后,我换好衣服走出校门,这时,时针已将指向晚上七点。这并不稀奇,平时也总是这样的。

我骑着自行车在昏暗的夜道上行驶着。以前,当球队训练日和达也的英语会话组活动日是同一天时,我们俩一起骑车回家。有时还在回家的路上进行自行车比赛,最初互有胜负,没过多久我就获得连胜,以后就不再利用这种机会比赛了。

当看到车子的前车灯亮光从前面越来越近的时候,达也一定会跳下自行车,等车子开过后再走,他就是这样小心谨慎的男生。因此,达也怎么会从屋顶上掉下来,我实在无法相信这样的事情。

我骑着自行车和迎面驶来的车子相擦而过。这时,车子的前车灯亮光在我面前突然向上照射。那个混蛋司机在玩快速变换车灯亮光的把戏。

他玩的伎俩在这时候尤显恶劣,我的眼睛受到这种强光的照射后,瞬间失去了平衡感,差点从自行车上摔下来。于是我赶紧急刹车,叉开两脚踩着地面,总算避免了事故,真是太危险了。

"混蛋!"

我虽然对排放着尾气、绝尘而去的车子高声怒骂,心里却开始想着完全不同的事情。

5

"你说的是真的?"

"真的。"

现在还有谁会开这种玩笑?

"达也是被杀害的。"

"不过,"洋子似乎在想着什么,她用舌头舔了舔嘴唇,"凶手是怎么害他的?"

"用亮光。"

"亮光？"

"是强光眩迷了达也的眼睛，使他失去平衡从屋顶坠落下来。"

"……原来是这样啊。"

洋子转动着眼珠，环视着房间的四周。这儿是家政课学习用的被服教室。

"那么说，凶手是特意选择这个地方等候着作案吗？"

"是这样的。"

我在黑板上画出三幢校舍的图形，把广美说的看见"闪电的光"的位置到达也坠楼的地方用直线连接起来，然后再连到这个被服教室的窗口，对此做了说明。

"不过，这间教室能发出这样的强光吗？"

"当然能。"我大步走到窗台边，猛地拉开白色的窗帘，五月的强烈阳光一下子斜射进房间里，"那天也像今天这样是个大晴天，所以罪犯一定有反射阳光的器具。"

"是镜子……"

"对，就是使用镜子。"我把放在旁边的穿衣镜挪过来。上次察看这间教室时，做梦也没想到穿衣镜竟然是案情中最重要的关键之物。

我变换着穿衣镜的摆放角度，试图把太阳光反射到对面校舍的屋顶上。

不一会儿，对面屋顶上的阶梯教室的墙上出现了穿衣镜的四角光形。

"达也一定看到了那个反射光。"洋子来到我的身边，看着显映在阶梯教室墙上的四角光形说道，"不过，怎么会那么巧呢？即使被反光眩迷了眼睛，也不一定会一脚踩空呀。"

"是不一定的。"我回应着，心想这个准确率到底是多少的确很难概算。是十分之一还是百分之一？想必会远远低于百分之五十吧。

我又道:"那个罪犯也许没有杀害达也的动机,但也不是单纯的恶作剧,他至少带有一点恶意,不就是想吓唬他一下吗?"

"恶作剧?……"

"虽然可以这么说,但这是明显的杀人行为,所以我无论如何要找到那个罪犯。"

"你有线索吗?"

"还没有。我已经想好怎样去调查了,你什么都不要担心。"

洋子短暂地注视着我的脸,然后移开目光,轻声地说道:"我知道了,就拜托你吧。一旦找到了那个罪犯,请马上告诉我。"

我回应了一声"明白",然后把穿衣镜放回原处。返照在阶梯教室墙上的四角光形在一瞬间融化在蓝天里,消失了。

那时候,罪犯是偶然进入被服教室的——我把这个观点作为设想的基础。我不认为罪犯为了恶作剧而特意进入被服教室,总觉得利用穿衣镜反射太阳光的做法是临时想出来的主意。

如果这个设想成立,那天放学后谁待在被服教室里就是一个问题,所以首先要对此进行调查。

"那天有高二年级的七班和八班的课。"

家政课的加藤老师毫不犹豫地回答了我提出的问题。也许她理解这个问题和那起事故有关。虽然达也的死最终以事故死亡的结论来处理,但留下的疑点甚多,对此抱有探究兴趣的人也不在少数。

加藤老师又说:"第六节课是七班和八班上课。我说过,上课时间没有完成课题的人,下课后可以继续留在被服教室做作业。不过,听说发生那起事故时,被服教室里已经没有人了。"

"那最后离开被服教室的人是谁呢?"

"这个,请等一下……啊,正巧她来了。"

加藤老师叫住了一个正从旁边走过的女生。她是高二七班的副班长,名叫木岛礼子。

礼子一头短发,皮肤被阳光晒得黑黑的,显得非常活泼。

加滕老师对她说起我刚才提到的疑问。

谁知她却回答:"不清楚。"

"这和那个有疑点的事故有关系吗?"礼子见我有些失望,反问了一句。

我轻轻地点点头,"现在还不清楚。"

礼子犹豫了一下,又说:"不知为什么,我也想调查这个事故。"

"你想参加调查?那不行。"

"没问题,我最喜欢推理了。"

礼子的眼中放出光芒,对我提起她一集不漏地观看过的三个刑事电视连续剧的剧名。尽管我没看过这些电视剧,但通过一番交谈,我终于接受她协助调查的请求。

那天夜晚,她打电话传来了第一个信息。

"最后离开的好像是八班的同学。"

"是吗?那我们就和八班同学接触一下吧。"

"这个就交给我调查好了。"

"你和她们不是两个班级吗?"

"没关系的。如果你从这个信息中发现了什么,再请告诉我。"

我听了感到有点为难。原以为木岛礼子的协助对我的调查是有用的,谁知她最后说了一句"发现了什么",就把我蒙了。

"请等着我的好消息吧。"礼子信心十足地说道。

两天后,又传来了笠井美代子企图自杀的消息。据说她服下的安眠药还没到致死的剂量,所以没有危及生命。告诉我这件事的是足球队的女领队。她有亲友在高二八班,看来是从这条渠道得来的消息。她说:"美代子企图自杀的事现在只有一部分人知道,前辈最好不要对外提起。"

那个女领队尽管对我这样要求,自己却到处宣扬。

那天晚上,再次接到了木岛礼子打来的电话。电话的那一头传来了她十分兴奋的声音:"我已经打听清楚了。那天最后留在被服教室的是笠井美代子。现在还没得到她本人的确认,因为她今天没来上学,在家休息。"

6

第二天午休的时候,我把洋子叫来,两人坐在校园的长凳上说话。当时她在操场上参加女子垒球练习。

一开始,我只简要地对她讲了调查的情况。

洋子的态度就像前几天听到我说"达也是被杀的"时候一样,或者说好像比先前略微吃惊一些。

她问:"是笠井美代子吗?"

"是的。"我点了点头。

"难道……这到底是为什么呢?"

我摇摇头,就像一个只会点头、摇头的木偶,"我不知道。"

"你说不知道……那为什么认定笠井是罪犯……"

"这是根据调查得出的结论。"

接着,我把接受木岛礼子的协助以及笠井美代子企图自杀的事告诉了洋子。

洋子事先并不知道笠井美代子自杀未遂的事,所以听到这个消息后受到了不小的打击。

"看来木岛的行动有些张扬,说和那个事故有关系,也许那个笠井害怕了才企图自杀的。"我这样解释道。

其实,我对礼子说的话里没有这种意思,事后也有些后悔,因为我不想这样追查罪犯。

洋子问:"就算有点过分,那笠井美代子为什么要自杀呢?"

"难道你心里没有数吗?有关达也的事应该都知道吧?"

"这不可能,再怎么说也是达也自己的事。"洋子轻轻地摇头否定我的说法。

我们都沉默了。洋子说得有道理,就是达也的恋人和亲友也未必都知道他的私事。

不一会儿,洋子慢慢地开口道:"我想直接和笠井美代子见面,打听事情的真相。我想她一定会告诉我的。"

"告诉你洋子?"

"嗯。"

我想这样也好。如果笠井美代子也是洋子的竞争对手,也许会意外地说出事情的真相。

由于没有其他的办法,我只得无奈地对洋子妥协:"我明白,那就拜托你了。"

就在三天后的星期天,我被洋子叫到她家里去。她家的院子很大,房子就像用白色箱子组合而成的建筑物,洋子的房间在二楼。这是我小学毕业后第一次来她家里。

"达也自身也有原因的。"洋子喝着女佣送上的红茶,开口说道,"达也曾经把情书给英语会话组的另一个人看过,并且通过他的传话和爱慕者断绝了往来。达也过去也做过这样的事,也许他觉得这样的方法比直接拒绝好,会让对方受到的打击小一些。他没想到恰恰是这种方法严重践踏了女生的痴情。"洋子的口气就像是笠井美代子的代言人那样,明显地带着焦躁的情愫,"美代子哭着告诉我,她为了报复,想做这件事来吓唬一下达也,但她绝没想到会产生那样的后果。"

"……"

"后来的情况就如你推理的那样,当她知道你在调查谁利用被服教室作案的信息时完全绝望了,就想通过自杀来抵命。结果没有死成,至今还悔恨不已。"

"……她是这么说的吗?"

我说这句话的时候,也不清楚该说什么好。因为我不知道谁是肇恶者,也许谁都不是坏人,但谁都做了坏事。

"这都出自于不经意的错误。"我突然说出一句心里话。

洋子沉默着,什么也没回答。

7

北风像要扯掉我耳朵似的呼呼地劲吹着,突然飞来的"单间按摩"的小广告缠绕着我的脚底。每次走上车站的步行天桥时,总觉得这儿脏乱不堪。就是白天也至少残留着一两摊醉汉呕吐的秽物。

一个脸色疲惫、拿着圣诞节年末救助运动捐钱箱的女子从我面前走过,虽然感到有些古怪,但也是见惯了的搭配样式。

我一边竖起夹克衫的衣领,一边疑惑地想着自己为什么要约她在这儿见面。也许在打电话时就有了这种想法,因为这儿是个又冷又干的苦寒之地。

我的这种想法源于一封来信。寄信人叫行原俊江,是达也的母亲。

信中写道:"事情已经过去一年多了,今天又突然回想起来……"

看来达也母亲是出于这种感觉才给我写来这封信的。收到来信后我非常紧张,直到现在,有关达也的真正死因只有我和洋子知道,难道他母亲发觉了其中的秘密吗?

可是,来信的内容根本没有涉及这一点,达也的母亲似乎并不知道被服教室的穿衣镜和笠井美代子的事。

信中又这样写道："我想孩子已经离去很久了,所以对他的房间做了大扫除。没想到在大扫除中发现了这样东西。"

信中只写了在大扫除时发现的"这样东西"。我感到拿着信笺的手在不停地发抖,如果在那个时候知道了"这样东西",事件的解决方法就该完全不同了。

昨天,我自毕业后第一次去了自己的母校,顺便登上达也坠楼的屋顶。不知为什么那扇进入屋顶的门竟然没有上锁。

站在屋顶上,我解开了所有的谜团,答案就在一个意想不到的地方。在找到了这个重大发现的同时,自己产生了严重的虚脱感,甚至产生了不如把这件事的真相深埋在心里的想法,但是我觉得不能这么做。

又吹来了强劲的寒风。

几个中学生模样的女生用手拢着衣服的下摆从我面前走过,当我目送着她们的背影时,冷不防旁边有人拍拍我的肩膀,轻声问道:"你在看什么?"

回头一看,面前站着笑容灿烂的洋子。她的面容虽然比一般公司女职员年轻,却采用了成人的化妆,只有从她的表情中还能看出昔日的风采。

洋子继续笑问:"你也懂得洛丽塔情结(恋慕少女情结——译注)?"

我对出言讥讽、急着走开的洋子说道:"今天不是来约会的,我有话对你说。""我能找到一家非常有名的茶室。"

"不!"我表情忧郁地面对洋子,"就在这儿说吧。"

"这儿?在这个寒风刺骨的地方说话?"

如果心情没有变化——平时的洋子肯定会这样说的,但是她这次并没有这样说。也许从我的目光里看出这次不是和她开玩笑。

"我们今天谈的是关于达也的事。"

"达也的事？不是说好再也不谈了吗？"

"这是最后一次。"

我直接面对着洋子。她看了看我，很快就把视线转向别处。

"我知道了，就在这儿听你说吧。"她把手插进大衣的口袋里，俯视着步行天桥的下面。阻塞在这儿的车辆高速运转着发动机，排出的尾气弥漫在街道上。道路的明显拥堵也许是年关将近的缘故。

仔细想想，我和洋子这样相会也是很奇葩的。我过去经常是达也的陪衬，我的初恋作为淡淡的回忆，应该逃脱不了和旧像册一起葬送的命运。自从发生了那个事件后，我和洋子的关系迅速地亲密起来，所以至今还有对达也的愧疚感。但是，由于我一直有着达也之后，洋子只能心许于我的心结，所以和她至今都保持着亲密的关系。

尽管如此，还是感到有些不自然。

"那时候……"我望着洋子白皙的侧脸，开始说道，"我到最后还是有一事不解，达也为什么会一个人待在那种地方呢？"

"这事不是已经搞清楚了吗？"洋子依然保持着原来的姿态，不动声色地反问道。

"我现在已经彻底搞清楚了。"我绝望地回答，"达也并不是一个人在屋顶上，当时他和你在一起。"

洋子没有说话，只是目不转睛地俯视着步行天桥的下面。

接着，我对洋子说起收到达也母亲来信的事。其实，在大扫除时发现的"这样东西"是一张达也去年使用的预定表，表上似乎也写着那天的预定。信上说，达也和洋子预定放学后在屋顶上约会。

"那天放学后，你们就在屋顶上约会了。达也就在你的面前掉下楼去的。"

"不过……那些见证现场的一年级女生都说除了达也没有其他人。"

"屋顶上有阶梯教室。"我毫不客气地打断了洋子的话,"我昨天回学校去做了现场调查。从那些女孩练习排球的位置上看,阶梯教室挡住了她们的视线,所以没有看到你。"说到这儿,我吸了一口气,"为了弄清究竟有没有这回事,昨天我也见了笠井美代子。"

洋子的表情发生了变化,我想她一定惊呆了。

我继续说下去,"刚开始她就是不肯老实告诉我,就像牡蛎那样死不开口,后来我以不向警察告发的条件说服了她,笠井美代子终于说出了真话。果然不出所料,她说那天你和达也在一起,但你从没有对我提起此事。现在我也以不让警察知道真相为条件,请你告诉我,为什么要隐瞒和达也在一起的事实呢?"

洋子看着我,苍白的脸上意外地带着微笑,"难道你一点都没猜到吗?"

"不是猜,"我摇摇头,"只是推理。"

"那你说给我听听。"她像一个催着听有趣故事的孩子那样看着我。

这次轮到我靠着人行天桥的栏杆,俯视着下方。

我缓缓地开口道:"昨天我像那天一样登上了出事的屋顶,然后站在估计是你站立的位置察看,联想起当时的状况,同时看到了以前没有注意的地方。那就是肇事的穿衣镜。如果站在你当时站立的位置,应该能够看到在被服教室窗台边的穿衣镜。"

我停顿了一下,又道:"以上说的都是我的想象,也可说是空想。请你姑且听我把话说完。"

洋子没有作声。

"达也和你是一对恋人——这是一个从小学时代开始的无法否认的事实。我们都认为你们俩总是在一起,绝不会分离。但是,也许正因为如此,大家的想法反而成了你的负担,因为人的心情一定会有变化的。我并不是说你讨厌达也或者对两人的交往已经没有新鲜感的缘故,也许你只是想接触外面更广阔的世界。"

灰色的空间笼罩着我们。从外表看去,我们好像正在议论两人之间的事。不知是那个男子在央求女人"不要分手",抑或在说服女人"就此分手"……

"那天,达也……"洋子终于艰难地开口道,"他把我叫到屋顶上去,说打算去北海道大学学习,我听了虽然有些吃惊,但很快也能理解了,因为他曾说过将来想当一名兽医。不过,他接下来的话真让我大吃一惊。他说'你也跟我一起去北海道'。我听了一下子慌了,沉默着没有表态。达也又说出这样的话来,'我之前一直有自信能够为你做长远的打算,为了你,我什么都能做。'为了证明说话的诚意,他竟然走到围栏的上面。这时候,我从心底感到他说的话成了我沉重的负担,其中也包括他的好意以及我和他的过去。"

我问:"那你为什么不当场直接告诉他呢?"

她反问:"我能这样说吗?"

"这是应该说的。"

"如果我这样说了,你还能和我往来吗?"

"我?"我一时感到困惑了。不,其实并没有困惑,而且早已有了答案。那就是"不会不来往"。

洋子继续说:"我说得没错吧?所以我确实很痛苦。坦白说,在小学、初中的时候,达也确实是我的理想朋友,我很欣赏他的身姿和魅力。但是进入高中后,他渐渐地显示出自己的不足,而且也习惯了不如人的状态,开始满足于过着平庸的生活,从那时起,我开始迷上了你。你虽然没在各方面名列第一,但总有目标,总有追求。我说过,我喜欢有理想、充满自信的人,难道这就是水性杨花吗?我们高中女生喜欢上其他优秀的同学就那样可恶?"

洋子眼睛里流露出来的悲哀深深地震撼了我的心。

"我再也无法忍受长期被这点可怜的爱情所束缚。我就是我,不是作为达也的恋人在生活，而是作为佐伯洋子个人活在这个世界上。但是谁都不会这样看我，所以很痛苦。一个人可以决定自己的人生……却不能对自己喜欢的人表露心迹。加之达也的执着和认真，对我更是一个沉重的负担。就在这时候，对面的校舍发射出太阳的返光，我不否认这一点。我就是期待这十分之一或百分之一的概率，就是想对达也说一句：你看，那是什么呀？"洋子的声音虽然很轻，但我听起来却像叫喊一样。孩童时代产生的恋情竟然会是这样的结果，谁会想到呢？虽然让穿衣镜反射阳光的是笠井美代子，但诱使达也受到阳光反射的却是洋子。

  洋子紧闭着嘴唇，她的脸直接面对着夕阳，被晚霞染成橘红色的脸颊上淌着一行眼泪。她为何流泪、为谁流泪，我至今也不清楚。

  她对我已无话可说，也许今后也不会再见面了。我慢慢地迈开脚步，路上的行人在揣摩着我和洋子的脸色，也许都会认为是男人甩了那个女人。

  我无意识地接受了一个长发女人正在散发的一份连锁茶室的小广告。

等待下雪的早晨

(日)柴田吉树

想起了早晨的天气预报,东京从下午开始下雪。终于来了,东京终于下雪了!

1

在我的记忆中,总是留存着东京大雪纷飞的情景。片段式地闪现在头脑里的雪景是耀眼刺目的白光和奇妙的、如雕塑般凝固的覆盖着大雪的汽车外形,最使人难忘的还是出奇的宁静。东京很少有扫雪车之类的除雪设备,下雪后只要少许留下一点积雪,就会轻易地造成交通瘫痪。不过,过去的气温绝没有那么低,下雪通常发生在早春,而且时间也短,没有从早上到下午一直下雪的情况。即使在下雪的早晨,银装素裹的世界也维持不了多久。那些讨厌下雪的市民们动作极快,一过中午就纷纷拿着铁锹铲除已经开始融化的积雪,迅速地恢复了原来正常的都市生活。那冰糕似的道路更是别有情趣,由于路上频繁来往的车辆时时冒出大量的热气,所以车道上的积雪很快就消融殆尽。到了日暮时分,在四周银色世界的映照下,空旷的道路更显寂寥,宛如梦境一般。

东京的雪,积不起来。

但是,那天却与往常截然不同。

早晨,睁开眼之前就已经感到外面下雪了。

眼睑内是一片明亮的白光,那种光显然不是太阳光。我的床没有放在朝东的窗台方向,即使在早晨,照理也不会有白光进入紧闭的眼睑。那天的白光特别白,我双目紧闭,用耳朵静静地倾听着。

这是下雪天特有的声音:淅沥、淅沥、淅沥……

略微高亢、由近至远的的声音是车胎铁链的声音。它被捆绑在车胎上,在下雪的道路上缓慢行驶,不时发出"扎、扎、扎"的摩擦声。远处还传来了孩子们的欢呼声,东京的孩子都喜欢雪。这难得的下雪天,一切都如他们所愿:立刻停驶的电车、迟到的公共汽车、由于老师不能准时来校,学校不得不停课放假……

这是真的,真的下雪了。我把头伸出毛毯,露出半个脸。由于心有期待,不由得激动起来,猛然睁开了眼睛。

啊,炫目的白光!

我赶紧闭上眼睛,然后再微微地睁开一条细缝。

我发现,两块窗帘的重叠部分正随意地敞开着,这才想起昨天的事来。昨晚,我像往常那样开窗观望天上的猎户星座。由于很长时间没找到,只好失望地关上了窗户,也许就是那时忘了随即合上窗帘。那道白光就是从窗帘的缝隙中透过窗玻璃照进了屋内。

那是洁白、冰冷的光。虽然不那么赏心悦目,却是牛奶般地溶在空气中的光。

"下雪了!"我大声叫着,翻身下床,一把打开了窗户。

此时的东京,一片白茫茫。

窗户的外面,是一条四车道的大马路,是我家面临的干线大道。平时,只要一到早上七点,马路上就塞满了车辆,车上排出的臭气就是关上窗户也不时地钻进屋内。那天早晨,只见一辆汽车缓慢地驶过窗前的马路,同时响着"扎、扎、扎"的单调的胎链声。紧接着,一辆辆汽车依次而过。我深深地吸了一口气,全然没有感觉到往常最讨厌的车辆排放的臭气。

"妈妈,下雪了!"我大声地叫着,就像在世界上第一次看见了下雪的大城市那样,一边嚷嚷,一边穿着内衣裤走下了楼梯。当然,妈妈早已知道下雪的事,父亲和哥哥也一定知道。在家里,每天最晚起床的就是我。

当我起床的时候,父亲和哥哥已经出门了。直到两年前,父亲还在乘公共汽车只需二十分钟车程的工厂工作,后来那家工厂迁到了千叶县,父亲没办法,每天只得乘一个半小时的电车赶去那儿上班。哥哥的情况也是这样,他去年春天入学的高中位于东京西面很远的地方。为了上学不迟到,必须赶上早上七点钟的电车,所以他和父亲在六点四十分就离开家门了。而我舒服多了,每天早上等七点钟的闹钟铃声叫醒后才慢慢地起床。

妈妈也在工作。她的工作单位很近,家里只有她骑着自行车花十分钟就能到达,所以能看到我们排着队集体上学的情景。集体上学的集合时间是早上八点十分,学校不远,步行只需五分钟。尽管如此,每天总有一两个同学迟到,出发的时间往往拖延到八点十五分,而且我们步行的速度又要照顾到一年级的小学生,只能慢步行走,到学校举行升旗仪式的时间就很紧了,我经常对此感到不满。一天早晨,我刚走出家门,大颗大颗的雨珠就从天上掉下来。妈妈听过天气预报,知道今天要下雨,赶紧要我带着雨伞上学。而她自己却没带伞,也许以为送我到集合地点还不至于下雨吧。

"妈妈,下雨了,你不要送了,让我一个人去吧。"我拒绝了妈妈的好意。

"你行吗?"妈妈还是有点不放心。

这时,雨珠掉在妈妈的额头上,顺着她的脸颊流下来。

"好了,对不起,妈妈!你快回去吧,路上小心点!"我对妈妈连连摆手,快步向集体上学的集合点跑去。等到看不到妈妈的身影后,我快步通过集合点,直接走向学校。

"小君,快回来!老师知道你不排队自己去学校要生气的!"和我一起排队上学的一个同学好心地叫道。

我没有理他,继续一人独行,只花了五分钟就到了学校,比平时提前十分钟进入教室。

同样是集体上学,各个班级因距离学校的远近规定了不同的集合时间。越是距离远的班级,考虑到提前量,集合的时间越早,他们往往很早就到学校了。我对此不胜羡慕和妒忌,很想和他们同时进入学校。

这次,我终于得到了满足。可是好景不长,第二天就被老师叫到办公室,问了好多问题。什么是不是对集体上学不满啦、不喜欢和谁一起上学啦,等等。我一时讲不出道理,只是一味地强调自己想尽快到达学校。老师对我的想法大发雷霆,训斥我太任性了,说这种不考虑他人的行为是可耻的。还说你已经是四年级学生了,应该能明辨是非,要好好自我反省。

我反省了半天,没觉得自己做错了什么。

对了,我从小就是这样的孩子,所以没有很多的朋友。虽然在记忆中没被别人欺负过,但与小伙伴的吵嘴时有发生。不过,那时的小孩要比现在的小孩懂事,知道凡事都有个限度。就是小伙伴之间发生了争吵也不会老记在心上,过了一段时间,双方的气都消了,只要有人从中说合,大家又和好如初。

这个下雪的早晨也是这样,妈妈一直在等待学校的网络电话。我临时决定自己一人去集体上学的集合点。于是赶紧穿好长靴,背着书包走出了家门。由于偶尔一次自行上学就受到老师严厉的批评，还使领队上学的六年级班长极为生气，所以我不得不写下了"今后绝不单独上学"的保证书，至今还心有余悸。今天尽管外面雪花飞舞，一派银色的世界，一看便知学校会停课放假，但我不敢心存侥幸，还是老老实实地去集合点准备上学。

　　大雪天上学的学生不光是我一人，还看到另一个背着书包、穿着粉红色长靴的女同学。她也像我一样来到了集合点。我知道，她就住在我家后面木头造的公寓里，是邻班的同学，但一时想不起她的名字，连绰号都忘了。这个女同学是上二年级时转来我们学校的，现在大概上五年级了，此后再也没有转校。她喜欢把长发分开结扎成两个发髻横在两耳的边上，就像狗耳朵那样下垂着，光凭这一点就足以使人留下深刻的印象。今天早晨，她依然梳着狗耳朵似的发髻，虽然拿着伞，却不肯老老实实地撑着，而是横着伞不停地旋转，以致头上都沾满了雪花。

　　"早上好！"我率先向她打个招呼。

　　"啊，小君，早上好！今天学校会放假吗？"

　　"有可能吧，不过还没有确切的消息。我妈妈一直在家里等电话。"

　　"是吗？可我家里没有电话呀。"

　　我知道她说的是大实话。当时不像现在，再傻的人都会用手机通话。不过，家里没电话也不要紧，可以使用公寓里的公用电话。通常，学校的电话簿上会在传呼电话的号码前注个"呼"字，这在当时是很普遍的现象。有时连"呼"字电话号码也没有，就直接在电话簿上留下空白。一般来说，每个班级都有一两个学生家里没有电话，所以学校除了建立学生家庭电话网络外，还要求接电话的家长顺便通知附近没有电话的同学家庭。不过，这个女同学和我不是同一个班级，所以不是我家通知的对象。

　　那个女孩说："妈妈特别关照我要在这儿等到八点半，所以我就来了。"

我说:"也许现在已经有人来你家通知了。"

那个女孩撇了撇嘴,"我估计妈妈还睡着,即使有人来通知,她也不会出来的。"

"哦,是这样啊。"

我听了她的话后,对这个女孩、这个女孩的妈妈、这个女孩的生活感到非常乏味。她们面对这样的变化毫无办法,只能暂且在这儿傻等着。要是八点半还没有其他同学来,就说明学校真的放假了。

由于学校规定八点半之前会来确切的电话通知,过了时间就可认作放假,所以过了八点半,我们终于松了一口气。记得两人当时似乎说了些什么,但不是要紧的话,所以后来干脆不说话,一起快乐地玩起雪来。对一个小学生来说,和其他班级的同学确实没有共同的话题,是个所谓"排他性存在"的个体。我们穿着长靴,故意踩在积雪很深的地方,看到长靴埋在雪窝里真有一种难以言喻的快感。我们互相嬉闹着,不停地转动着手中的雨伞,让沾在伞上的雪花四处飞舞。每当看到雪花飞溅到对方的脸上,又忍不住哈哈大笑。这儿没有人来,是个人迹罕至的小胡同的后面,满眼看到的尽是住家的围墙。玩了一会儿,我收了雨伞,把它当作长枪对着厚厚的积雪冲刺。"嗨!"我大叫一声,把伞尖一下子刺入雪堆里。刚开始,手里似乎没什么感觉,我就不断地狂刺积雪,慢慢地有了手感。一路上,我用脚使劲地踢着积雪,又用伞尖刺着沿墙摆放的各种盆栽植物下的培土。由于完全被大雪覆盖了,盆栽植物都变成了白色的块状物。远远看去,沿着胡同整齐地排列着一长溜相同的白色雪堆,就像仪仗队一样。如果不下雪,这儿家家户户的主人们都会精心护理好满胡同排列的盆栽植物。这条胡同非常狭窄,不通车辆,也许因为这个缘故才被指定为学生排队上学的集合点。正因为这儿是车辆无法通行的胡同后面,所以也成了盆栽植物的展示场。现在已经进入了三月,也是早期郁金香绽放花蕾的时节,排放在胡同两边的花盆上面应该是万紫千红的一片灿烂。但是一下雪,情况就大不同,那些盆栽的梅花、水仙、樱草都一个不剩地被寒冷的大雪隐去了娇美的芳姿。

其实,那些花木并不嫌弃和厌恶这种下雪天,只惧怕我们小孩天真又残忍的摧残。我作为其中的一个小孩,正以这把"伞枪"依次刺入各个花盆的培土取乐。时不时听到"喀"的一声,只感到手臂一麻,就知道那只花盆已被"伞枪"刺破了。虽然有些害怕,想想又放心了。现在正在下雪,外表上根本看不出来。只有到雪融化后才会露出破相。有时候,"伞枪"刺入后明显有一种异样感传入手中。也许是折断了花茎,也许是破坏了球根,或者给花叶开了个大洞。一旦积雪融化了,定然会暴露出惨不忍睹的真容。

不过,现在雪还没有融化,我拿着"伞枪"到处刺着玩,只把它当作雪堆,而不是其他。

"你拿着雨伞乱刺雪堆,究竟玩了多长时间啦?"猛听得有人这样问道。抬头一看,原来是妈妈撑着雨伞站在旁边。

"今天学校果然放假了,我刚才接到了学校的电话。小君,当心别感冒,先跟我回去吧,如果想玩雪,还得好好准备一下才行。"

接着,妈妈又微笑着对那个邻班的女孩说道:"你也快回去吧,这样背着书包玩雪可不好啊。"

我虽然玩得头上直冒热汗,但又觉得拿着"伞枪"玩雪的时间实在太短,心里很不满足。

在妈妈的催促下,我不得不对那个女孩说了声"拜拜",然后握手告别。

我搀着妈妈的手回家了。这么好的下雪天,让我一人待在家里实在受不了,所以死乞白赖地缠着妈妈要出去玩雪。妈妈禁不住我一番折腾,终于同意了。她特意为我拿出毛线长裤、厚厚的袜子和滑雪手套,还把她的长围巾也给了我。

妈妈说了声"不要骑自行车,走着出去",就离开了家门。

我立刻穿好毛线长裤、厚袜子,把妈妈的长围巾往脖子上绕了两圈,还戴上滑雪手套。然后锁上房门,一口气走向平时总去玩耍的一家公园。

现在回想起来也感到不可思议。那天的公园里为什么空无一人呢?真是一个谜。

原以为现在正是下雪天的早晨,学校又放假,公园里一定会聚集着许多和我一样穿着长靴、用围巾反复缠着脖子、手上戴着手套的小伙伴。我多么期待和大家一起堆雪人或者用揉搓好的小雪球互相投掷对方,那样玩雪该多开心啊!但是,一到公园,心里不由得凉了半截,那儿竟然空荡荡的不见人影。

为什么会这样呢?我事后想了好几种理由。首先,当下学校里正流行恶性感冒,不少同学都得了病。那些健康同学的父母怕孩子得感冒,禁止他们出来玩雪。其次,现在雪下得很大,即使外出也因为遍地是雪而看不清眼前的道路。许多同学不喜欢风雪扑脸的恶劣天气,也许就乖乖地待在家里,不想到公园玩雪。可是,我当时根本没有探究什么理由,只是感到十分惊愕。一个人呆呆地站在漫天皆白、空无一人的公园里。

"我被这个世界抛弃了!"当时就是这样的心情。

也许面对着空旷的世界,在最初的一瞬间,我无意识地产生了一种抗拒的心态吧?

我呆呆地站在空寂的公园里,目不转睛地看着眼前不断增加的积雪。这究竟是为什么?我突然因为后悔而产生了少有的孤独感,两行泪水顺着脸颊滚滚而下,至今还记得泪水的灼热感。虽然如此,我并不甘心。我是个特别顽固的小孩,始终认为在这样的下雪天不出去玩真是太奇怪了,没来这儿玩雪的小孩都是傻瓜。

于是,我干脆一人开始滚雪球。我要堆雪人,堆一个很大很大的雪人!

我那时长得特别矮小,往往比同龄的孩子矮一头,而且身体也很瘦弱,所以无论怎样努力,总是滚不成大的雪球。天上还在不断地下雪,很快就填满了地面上的空隙,最后连雪球都滚不动了。我气呼呼地朝雪球踢了一脚,那只雪球竟然无情地碎裂了。

我一边哭,一边继续乱踢那只破雪球。

"你在干什么?"有人轻轻地问道。

抬头一看,前面站着哥哥——我那十分优秀的哥哥。

"哥哥,你怎么没去上学?"

"电车在半路上就停驶了。我无法上学,只好回家。"

哥哥一边笑,一边走到我的身边开始滚雪球。

"哥哥,你不去上学行吗?"

"就是想去也去不了呀。没关系,因为电车停驶而缺课也很正常。小君,你怎么一个人在这儿玩雪呢?"

"不知道!"我赌气地回答。

"这儿没有人,你来干什么?"哥哥继续笑道,"天太冷了,你在这样冷的天还冒热汗,真是个怪孩子。你的小伙伴现在都围着被炉吃蜜柑,你何苦出来呢?"

"傻瓜!他们都是小傻瓜!"

"我们快回去吧,妈妈已经回家了。"

"你怎么知道的?"

"天上在下雪,没有一个客人光临,店长就对妈妈说'你可以回家了'。这样冷的天,除了你这种傻小孩,谁会出来呢?好了,快回去吧!"

"讨厌!我还要堆雪人呢。"

"过一会儿雪就不下了,到时候再来堆雪人不好吗?一定会有很多小朋友来公园的。"

"不,我现在就要堆雪人!"

哥哥笑了,他总爱笑。我也喜欢听他的笑声,那悦耳动听的笑声。

"我对你真没办法。"哥哥笑着不停地滚动雪球,就像变戏法一样,那个雪球在短时间内越滚越大。哥哥看着已经完成的雪球,说了声"好了"。接着,又去另一个地方滚雪球,第二个雪球也在转眼之间滚成了大雪球。我看了好生羡慕:为什么我就滚不出来呢?也许对哥哥来说这是非常简单的小事情吧?

那时候,我把哥哥视作超级大英雄。他学习成绩优秀,棒球也打得好,还会弹好听的吉他,真是个大英雄。

哥哥"嗨"的一声举起那个小的方形雪球放在大雪球的上面,雪人就基本成形了。可惜现场没有制作雪人的眼睛、眉毛和嘴巴的材料,而我偏偏还想让哥哥帮我做个雪人的手臂。那些树枝和木棒在哪儿呢?公园里到处覆盖着厚厚的积雪,什么都看不见了。

光秃秃的雪人,没有手臂,没有眼睛,也没有嘴巴,真的好可怜。

可是我十分满足。这毕竟是下大雪的时候堆的雪人呀,别提有多兴奋。在下着这样大雪的时候,那些小伙伴却躲在家里围着被炉取暖,全是一帮傻瓜。

这时,哥哥对我说道:"待会儿再把制作雪人眼睛和手臂的材料拿来吧,小君,我们快回去,已经到吃午饭的时间了。"

什么?不知不觉已经过了这么长时间了?我感到十分惊讶。不过,正如哥哥说的那样,我也确实感到饿了,于是和哥哥手牵着手一起回家。虽然戴着滑雪手套,但是他的大手立刻温暖了我的手掌。

回家的路上,正好经过那条作为集体上学集合点的小胡同,我在早晨用"伞枪"刺扎的那些盆栽植物四周早被不断落下的大雪深深地掩盖起来。我放心地松了一口气。原本想对哥哥说起早晨我和那个小女孩在这儿的恶作剧,但一时又开不了口。

一个偶然发生的情况打破了我原来的想法。

突然,听得"嚓"的一声,胡同一户人家的屋顶上掉下一大坨雪来,正好落在沿墙放置的盆栽植物上。覆盖在上面的积雪也簌簌而下,露出了一棵横倒的椿树的树枝。

哥哥见了,很自然地走近那棵椿树,用脚踢去积雪,准备扶起那棵倒伏的椿树。这时,哥哥猛然发出一声"啊"的惊叫,"太惨了,一只猫的身体被穿透了。"

我听了只感到两脚发抖,再也迈不开步来。

"……那只猫……死了?……"

"嗯,已经死了,它的肚子上开了一个洞。"

"是被树枝穿透的吗?"

"不……这只猫也许在下雪之前就死了。如果是被树枝刺死的,照理会流出很多的血。但它不是这样,而且肚子上的伤口好像还很新。一定是谁用尖物刺中了它的尸体,真是太可怜了。"

"那是雪……雪覆盖了外表,也许刺的人根本不知道那儿有只死猫。"

哥哥无奈地耸了耸肩,然后扶起花盆上的那棵椿树,用脚踢起地上的积雪,掩埋了这一切。

我站在一旁,连用脚踢雪的勇气都没有,只是呆呆地看着哥哥的举动。

"哥哥……现在用雪把那只猫埋了。如果以后雪融化了,猫的尸体不就显露出来了吗?"我确实有些担心,忍不住这样问道。

哥哥回答:"我这样做不过是不想看到而已,这样凄惨的猫谁都不忍心看的。现在只能这样了,待到雪融化后再说吧。"

我觉得哥哥的话很有道理,因为谁都不忍看到一只肚子开着大洞的死猫。既然雪能掩盖一切,就让死猫暂时在这儿雪藏吧,只要在雪融化之前没人见到就行。

大雪到什么时候才会融化呢?

我仰望着天空,只见灰暗的空中依然不停地下着鹅毛大雪,我从伞下露出的脸蛋上也在瞬间沾上了许多雪花。

我终于明白,只要大雪下个不停,积雪就不会融化。

我重新恢复了好心情。为什么能如此放心呢?也许是有个聪明哥哥的缘故吧。

2

那个下雪天过后没多久,大约是早春三月中旬的时候,父亲突然猝死。死亡的原因有多种,不外乎每天远距离的上下班、加班、长期的带病工作无暇医治,等等。我们谁都没想到那天早上和父亲的见面竟然是最后一面,而我则和往常那样,在父亲出门后才醒来,直到傍晚,终于在医院的太平间里见了父亲一面,没有看到父亲最后的笑颜。父亲是在工作场所突然倒下的,在被救护车送去医院的半路上停止了呼吸,据说死于心肌梗塞。

由于父亲身前办过生命保险,所以靠着这点保险金的资助,哥哥能够在私立高中继续学习。但是,这样的结果并不好,如果当时没有父亲的生命保险金,哥哥因无钱支付学费而转入公立学校的话,也许反而因祸得福。

自从我在下雪天一个人孤零零地呆在公园之后,这个世界继续在无情地抛弃我。春去夏至,我们的心头刚刚平复了失去父亲的痛苦,谁知一到秋天,哥哥也死了。

"究竟是自杀还是事故死亡还不清楚。"警官对妈妈和我是这样说的。

"怎么会搞不清楚呢?"妈妈大声地哭叫道,"请务必调查清楚,务必!"

哥哥是从教室的窗口坠楼死的,时间大约在放学后的日暮时分,好像附近就有目击者。据当时正在操场上活动的一个学生反映,他看到哥哥站在面对操场的教室窗口一动不动地注视着外面。当他拿着网球拍回过头去看时,哥哥已经掉在地上了。

哥哥为什么会坠楼?是怎么坠楼的?当时在操场活动的几十个学生都没有看到哥哥坠楼的那一瞬间。

哥哥想必看到了什么,他究竟朝哪个方向眺望呢?

哥哥每天在学校究竟忙什么?到底发生了什么事?

哥哥死后,过了几个月,有关他死于失恋的流言终于传到了妈妈的耳朵里。那些平时和哥哥关系良好的同班同学来参加哥哥的骨灰安放仪式时,把这个流言告诉了妈妈。不过,这种流言是否属实他们也不知道。哥哥从没有对任何同学说过自己的心事,所以那种流言就像幽灵一般在学校的同学间悄悄地传播着。

哥哥的死因是失恋?人为什么要为此放弃生命呢?我感到惊悚不已,决心今后绝不谈恋爱。

父亲和哥哥相继离我们而去,我和妈妈的心都碎了。我不再外出玩耍,在学校里也沉默寡言。而妈妈完全和我相反,几乎每晚都要外出,一直到深夜或者天快亮的时候才带着满身的酒气回家。她不再来学校参观我们班级上课,就是学校组织我们郊游也不肯在早上起来为我准备早餐。从此,我自己制作便当上学,无论参加运动会或者学艺会我都没有兴趣,也不请同学为我拍照留念。我默默地,像机器人似的过着木然乏味的生活。

从我进入中学起,妈妈开始在相邻城镇的一家夜总会工作。也许因为父亲留下的生命保险费所剩无几,她不得不去工作来养家糊口吧。就在那个时候,我清楚地知道妈妈已经和夜总会的一个常客好上了。至于如何知晓这个秘密则没费多大力气,女人和女人之间对这事最敏感了。妈妈的体味中时常混合着另一个陌生男性的体味,仅从这一点就使我立刻明白了。对我而言,妈妈恋爱不是个大问题。反正这个世界还在抛弃我,而妈妈正是这个世界的一部分,所以都抛弃了我。但是,我不想让妈妈死,不希望她像哥哥那样为了失恋这种无聊的事而去寻死。所以,我真心祝愿她好好地生活,祝愿她的恋爱能顺利地进行下去。三年间,我们母女俩过着几乎没有语言交流的平淡生活。我还是深爱着妈妈,妈妈也只有在我考试的时候,对我稍许表露出关爱之意。但是,就在我考入志愿学校的第二天,她又开始对我冷若冰霜了。

我理解妈妈的心情,知道她不会恨我,也不是有意冷落我,妈妈作为母亲,还是很爱我的。我想妈妈一定也确信自己被这个世界抛弃了,并把我也视作这个世界的一部分。我和妈妈不知从什么时候开始互相抛弃了对方,分别变成了无人理解、怜惜的孤家寡人。也许大家都有这个想法,真的发生大事的时候就不会慌乱无措。当父亲突然病故,哥哥失恋自杀的时候,由于我们都没有思想准备,一旦被这个世界抛弃就失去了继续生活下去的勇气。妈妈和我一样都有一颗破碎的心,都对外界抱有很强的警戒感,都一样孤独,所以都感到分外的寂寞。

两个心灵受伤的女人在同一个屋檐下生活,确实有一种透不过气来的窒息感。

最先说话的是妈妈。就在我高中毕业后的一天,妈妈把一个小老头带到家里来,对我说:"我已决定让他加入我家的户籍了。"

说完后,妈妈把我撂在家里,自己又走出去了。

我去了一家很小的贸易公司就职,并向一个有余房出租的房东租了一套公寓房离家而居。不到两年,我和一个男同事相恋了。对方离过婚,还带着一个十二岁的男孩。

当他对我说"结婚吧",我立刻毫不犹豫地点头答应了。

我觉得,婚后的日子可称得上"幸福"两个字,所以我不恨那个作为丈夫的男子。从那个下雪天开始,我长期被幸福所抛弃,那五年多安稳而温馨的婚后生活真是特别难得。但是,以后的日子却又发生了变化,它继续沿着我原本对未来抱着绝望的悲哀道路滑行。我为丈夫生育了一个女儿,他却抛下我和刚满三岁的女儿离家出走。我虽然住在财产分割后留给我的公寓房里,但他没有留给我一点现金。为了女儿的抚养费用,我不得不卖掉那套公寓房变换现金,带着女儿再次回到原来租赁的那间小房间里生活。

我虽然不太喜欢"命运"这个词,但在这种情况下,除了说命运使然还能说什么呢?

当我选择去一个新的城镇生活时,偶然听说这个城镇里有过去哥哥上高中的学校,而我事先根本就不知道。虽然知道学校的名称,却不清楚这个学校竟然那么远。从我小时候住的城镇出发要反方向横穿整个东京才能到达位于西边的那所学校,我以前也没注意到这所学校所在城镇的名称。从这个城镇去我打工的公司很方便,还能租到即宽敞又廉价的房子。那儿的环境也很好,有广栽绿树花草的公园,很适宜小孩的成长。于是,我搬到那个城镇居住,精心呵护着我女儿的成长。

在女儿发生车祸的早晨,我不知为何突然注意起天空的变化。那天早晨,我乘电车上班。在像往常一样拥挤的车厢里一边挤向车门,一边眺望着车窗外的天空。在到达下车的车站之前我一直眺望着,那时的天空虽然显现出沉重的铅灰色,却出奇地明亮,似有雨雪即将来临之势。我期待着天上下雪,但始终不见动静。

与我小时候相比,地球变得越来越暖和了。我注意到东京下雪的日子也在逐年减少。但是,那天早上的天空就是下雪的天空,我耐心地等待着,不管电车如何摇晃,继续凝视着外面的天空。

当我下了车,在车站接通手机的电源后,才看到手机屏上跳出了未接的电话号码。

平时,我乘电车时总是按规定关上手机。自那以后,我天天都在诅咒这个规定。

当我赶到医院时,女儿已经停止了呼吸。如果能提前十分钟到达,也许能见上女儿最后一面。要是能提前三站下电车,乘出租车赶去就好了。

"站在老年人座位附近的乘客,请关掉您的手机。"电车内每天早上都在反复地播放这句话,所以我就很自觉地关掉手机。

我一边哭一边笑。尽管几度被这个世界抛弃,却还想着为这个世界出力。自己真是太可笑了,我第一次有了这样的感悟。

驾车撞倒女儿的那个男子说他因为连续通宵加班才造成了这起车祸,这样的说法也能站得住脚吗?我实在无法理解。他通宵加班是为了赚钱,而我却失去了女儿,就是这个男子一手造成的。他赚钱为什么非得用我女儿的生命去交换呢?女儿过马路时没走横道线。那条马路离学校很近,而且规定车辆通过这条马路时必须慢行。因此,不仅是我女儿,其他上学的小学生们也不走横道线,因为只要斜穿过马路就能看到学校的大门。如果马路上的车辆能够慢行,就应该不会发生交通事故。我简直要疯了,不断地反问自己:难道女儿没走横道线,就必须去死吗?那个通宵加班后意识朦胧地驾车行驶的男子不是犯了夺命之罪吗?那个男子为什么通宵加班后还要开车呢?难道他不知道睡眠不足会造成意识朦胧的后果吗?

这是为什么?为什么?为什么?

和女儿一起走路上学的其他小学生为什么都平安无事呢?为什

么偏偏是女儿被那辆车撞了呢？

我终于理解了妈妈的心情。当听到哥哥从教室坠楼的噩耗时，她一定是这样的心情，但是妈妈什么都没做，一点也没有。

决定命运的事情发生在女儿的追掉会之后。一个女儿同学的母亲走到我的面前，低着头这样说道："我知道你哥哥的事，我们过去在同一所高中上学，他对我很好。"

那时我已经知道哥哥在这个城镇上高中的事。我选择在这个城镇生活，精心养育我的女儿，而这个城镇却成了我女儿的死亡之地。

我仰望着天空。最初的一片雪从灰色的云逢里轻轻地飘落，粘在我的眼睑上。我的心里泛起一股寒意，顿时冻住了。

哥哥的自杀，并不是因为失恋，但是有关他失恋殉情的流言却沸沸扬扬。其实，哥哥爱的对象是个没有资格接受哥哥爱情的女孩，我充分理解这一点。哥哥和那个女孩那时都还是孩子，我理解。

这个世界总是准备了抛弃我的各种口实等着我。父亲的猝死是过劳死，但是长距离上下班是他自己选择的。

哥哥的自杀是不堪屈辱的结果，而给哥哥带来的屈辱的女孩是他自己选择的。

女儿死于交通事故也是她过马路不走横道线的结果。

但是，那一天，为什么在下雪的那一天，我要去那个空无一人的公园去玩雪呢？其中的原因已经成了永远难解的谜。

我最不喜欢听到金属磨擦的声音，连牙齿的神经都会隐隐作痛，太阳穴更被噪音刺激得麻木了。尽管如此，我坚持用钢锉慢慢地不断地上下锉动着。一边锉，一边等待下雪的时间到来，不论等多少年也要耐心等待,只是为了等待。

盼望已久的雪终于开始从天上降下来。

那个给哥哥带来屈辱的女孩现在还生活在这个城镇里,她已经结了婚,也有了孩子。那是在女儿的追悼会之后,她同学的母亲告诉我的。夺去哥哥生命的高中是一所私立学校,下面还有附属的幼儿园、小学和初中,所以当地有很多孩子都去那儿上学。即使过了三十年,那个女孩还会住在这个城镇,这就是命运。也许那个女孩在自己都不知道的情况下继续等待着我吧。我也无意识地期待着撑着一把雨伞去和她见面。但是,我不会去见那个女孩。

那个女孩的儿子已经七岁了,正在上小学。我想他不会料到今天是下雪天,一定会利用学校放假的时间到自己常去玩耍的公园玩雪,他一定会回去的。

我撑起一把雨伞。

那天,这儿的公园和我小时候下雪天去的公园十分相似,都是空无一人,一片雪白。

如果雪能掩盖一切,就看不到自己不想看的东西,所以我今天特意撑着雨伞而来。

我很清楚自己在做一件错事,也知道自己做的事没有任何意义,但我认为因太懦弱而不得不长期自我压抑的日子该结束了。

就如这个世界抛弃我一样,我也要抛弃这个世界,今天必须彻底抛弃这个充满矛盾、充满不公平的世界。

稚气、无邪的笑脸,看到下雪而兴奋异常、闪着蔷薇色光泽的粉嘟嘟的脸颊。

我马上就能听到那个孩子的欢声笑语吧?

对不起!真的对不起!

我的伞尖是那样的尖利。对不起!